DE LA LIBERTÉ,

SON TABLEAU

ET SA DÉFINITION;

CE QU'ELLE EST DANS LA SOCIÉTÉ;

MOYENS DE L'Y CONSERVER.

Aliud est, aliud dicitur. Aulu-Gell.
Tout le monde en parle, et personne
ne sait ce que c'est.

A METZ,
DE L'IMPRIMERIE DE COLLIGNON.

1791.

AVERTISSEMENT.

Je vais parler de la liberté, tout homme doit me prêter l'oreille : je vais essayer de fixer l'idée vraie qu'il faut attacher à ce mot dans la société, tout citoyen doit se recueillir, et méditer la solution que je donne du problème le plus important de la politique ; bonne ou mauvaise, il doit me lire et me juger ; la question est trop grave pour être vue avec insouciance.

DE LA LIBERTÉ.

LIVRE PREMIER.

Je dirai dans ce premier livre, ce que c'est que la liberté ; et le lecteur prononcera avec moi, si elle peut exister, ou non, dans la société.

CHAPITRE PREMIER.

Image de la liberté naturelle.

Un homme, dans toute la dignité et la franchise premiere de son être, ne connoissant d'autres loix que ses desirs, se trouve placé sur le sommet élevé d'une colline. Il laisse tomber ses regards sur la terre neuve, comme lui, qui l'environne ; il ne dit pas, j'en suis le maître ; un maître suppose des esclaves, et il ignore l'esclavage ; mais il dit : je suis maître de parcourir cette plaine dans tous les sens, d'y chercher le lieu le plus commode pour mes plaisirs et mon repos. Il ne connoît que ses productions, et pour cela il ne desire qu'elles ; le même fruit dont la vue agréable réveille en lui le besoin, le satisfait aussi-tôt ; aucune barriere ne l'empêche d'y atteindre ; aucune limite ne le gêne dans sa marche ; il s'élance, et l'herbe de la prairie est foulée sous ses pas ; le bois qui la termine, le défend des chaleurs du jour. Quelquefois sous son ombre, il rencontre une naïve compagne, qui n'a garde de se refuser à des plaisirs qu'elle partage. La fatigue vient-elle le saisir ? il cherche un lit de mousse, un creux d'arbre, une caverne, ou la rive d'un ruisseau ; aucun propriétaire ne vient le chasser du lieu de son choix ; il y goûte un sommeil profond et paisible, que ne troublent ni les chagrins de la veille, ni la crainte du moment, ni les inquiétudes du lendemain. A son réveil, nouveaux besoins, nouvelle facilité de les satisfaire : ainsi coulent ses jours ; il veut, et soudain il exécute ; point de vouloir qui ne soit suivi de l'action projettée. Il ne rencontre d'obstacles que dans la nature, et il ne connoît de bornes à sa volonté que celles de ses forces.

Voilà quel est l'état de l'homme parfaitement libre ; voilà donc quelle est la liberté.

CHAPITRE II.

Définition de la liberté.

Un pareil tableau ne présente à nos yeux qu'un ensemble chimérique, qui appartient moins au politique qu'au poëte ; cependant l'original a nécessairement existé : on le trouveroit peut-être encore. Combien d'îles et de régions inconnues, placées sous un ciel fortuné, pourroient, sans doute, nous l'offrir ; et qui peut répondre qu'on ne le rencontreroit pas dans le cœur de l'Afrique, ou dans ces vastes contrées terminées par le Brésil, la riviere des Amazones, le Moxos et le Paraguay ? Alors où seroit la chimere ? et si quelque différence notable se faisoit remarquer, elle ne seroit que dans la foiblesse des traits de la copie.

Il a fallu esquisser ce tableau, non pour en rien conclure, mais pour le comparer à l'état de l'homme en société, et alors en conclure quelque chose.

Quittons maintenant le pinceau, et emparons-nous du compas de la géométrie, pour en faire usage, autant qu'il est possible, dans la science de l'homme.

Le mot *liberté*, sans nulle restriction, a été imaginé pour désigner la faculté d'agir en conséquence de tous les actes de la volonté, sans éprouver aucune contrainte ; en un mot, suivant l'expression triviale si énergique, la faculté *de faire ce que l'on veut*.

En théologie, en morale, en politique naturelle, la liberté est le plein pouvoir de suivre en tout sa volonté.

Je ne conçois pas trop à l'aide de quelles subtilités on pourroit me contester cette définition. Celui qui l'entreprendroit, recevroit un cruel démenti de toute la partie saine du genre humain, qui heureusement ignore l'art de sophistiquer, et de réduire sa raison en métaphysique.

Cette définition du mot *liberté*, sans périphrase accessoire, est si bien gravée dans tous les esprits, elle est si naturelle, que tout homme à cette simple question : *qu'est-ce que la liberté ?* répondra toujours, et sans balancer : *c'est le pouvoir de suivre en tout ma volonté*. Et je défie le dialecticien le plus subtil, de préparer le commun des hommes à concevoir une idée modifiée différemment de celle-là, en faisant raisonner sur leur tympan le nom de la liberté. Rappellons-nous de ceci, et tenons-en compte pour la suite.

CHAPITRE III.

Distinction des élémens de la liberté de l'homme.

Il ne suffit pas cependant pour assurer la liberté de l'homme, qu'il puisse agir sans obstacle, en conséquence de sa volonté ; il faut encore que sa volonté soit spontanée, et dégagée de toute entrave. Il ne faut pas qu'on le force à vouloir autre chose que ce qu'il voudroit en vertu de son libre arbitre, et si l'on n'agissoit pas sur lui.

Trois chemins, par exemple, se présentent à moi ; si l'on m'en interdit deux, je serai bien forcé de choisir le troisième : quand ensuite ma volonté se sera déterminée à me porter sur ce troisième, je le suivrai ; et mon action sera vraiment un résultat libre de ma volonté ; mais cette volonté aura été contrainte, ainsi je ne serai pas libre.

On me force d'opter entre un verre de ciguë et un précipice. Mon choix est libre, il est vrai ; je puis, à ma volonté, m'empoisonner, ou me précipiter. Mais on me restraint à choisir entre deux objets ; si on me laissoit l'exercice entier de ma liberté, il est clair que je prendrois un troisième parti, je fuirois. Toute restriction dans l'usage du vouloir, entraîne la privation très-réelle de la liberté. Alexandre ayant fait la conquête des Indes, se disposoit à retourner en Grèce : il lui prit envie d'y emmener un sage Indien, fort en vénération dans le pays ; sur son refus de le suivre, Alexandre le menaçoit de l'y contraindre par la force, et lui représentoit en même temps, pour le persuader, qu'il feroit l'admiration de toute la Grèce. L'Indien lui fit alors cette réponse, si pleine du véritable

esprit de la liberté : « Comment tes
» Grecs pourroient-ils trouver quelque
» chose d'admirable dans un homme,
» qui seroit au milieu d'eux contre
» son gré (1) » ?

Il ne suffit donc pas pour être libre, d'agir en vertu de sa volonté; il faut encore que cette volonté, ce principe de nos actions, soit libre aussi, et ne connoisse d'autres bornes, comme je l'ai déja dit, que celles que le Créateur nous a fixées, celles de nos desirs et de nos forces.

La liberté d'un être jouissant de ces deux facultés, de vouloir et d'agir, consiste donc : 1°. *à vouloir librement* ; 2°. *à exécuter librement ce qu'il veut.* Tels sont les élémens de la liberté de l'homme (2).

―――――――――

(1) Philon.

(2) « Toute action libre a deux causes qui con-
« courent à la produire ; l'une morale, savoir, la

CHAPITRE IV.

Supériorité de la liberté de volonté.

Ce qui constitue principalement cette liberté, c'est l'indépendance absolue de notre volonté ; c'est l'absence complette de tout pouvoir coërcitif qui agiroit sur elle. En cette premiere partie de la liberté humaine réside toute la noblesse et toute l'énergie de l'homme ; j'oserai me dire libre tant que cette mâle faculté ne me sera point ravie. Mais si l'on parvient à dénaturer mon libre arbitre ; si par menaces, par crainte de châtimens, par insinuations, par séduction, de quelque espece que ce soit, et même de raison, si, dis-je, l'on

---

» volonté qui détermine l'acte ; l'autre physique, » savoir, la puissance qui l'exécute ». *Cont. social.* L. 3. ch. 1.

parvient à me faire vouloir autre chose que ce que j'eusse voulu, étant indépendant de toutes ces circonstances, il est visible que je n'ai plus de volonté à moi, que je suis un être avili, qu'en substituant une volonté postiche à ma volonté naturelle, on a empoisonné ma liberté dans sa source, on ne m'en a laissé qu'une ombre vaine, et que toutes les actions que je ferai en conséquence de cette volonté forcée, si libres qu'elles paroissent au-dehors, ne seront que de vrais actes de servitude, flétris dès leur principe.

Si, au contraire, je conserve la plénitude de mon libre arbitre, et qu'une force supérieure à la mienne me prive pour un temps de la liberté de mes actions, je ne perdrai point pour cela ma fierté naturelle. Le chef des Cyniques réduit à l'esclavage, répondoit à ceux qui lui demandoient ce qu'il savoit faire : *je sais commander aux hommes.* Et il disoit au crieur public qui le mettoit à l'encan : *demande, mon ami, qui veut s'acheter un maître* (1). Diogène avoit raison ; il étoit plus libre dans ses fers que ceux qui jouissant de la liberté de leurs actions, ont sacrifié celle de leurs volontés.

Récapitulons : l'homme veut et agit ; il ne sera donc parfaitement libre que quand il jouira pleinement de la liberté de *ses volontés* et de celle de *ses actions*. De ces deux parties intégrantes, la premiere est, sans contredit, la plus essentielle, la plus importante ; en la conservant seule, l'homme peut encore se croire libre ; il devient esclave du moment qu'il la perd, bien qu'il conserve la seconde, la liberté d'actions.

---

(1) Diog. Laert. *lib. 6.*

CHAPITRE

CHAPITRE V.

La Licence.

Il me semble entendre ici l'irréflexion m'accuser de définir *la licence* et non pas la liberté. A cela je ne réponds qu'un mot : la licence est le mépris et la transgression des loix civiles; or, je parle de l'homme isolé, non soumis à des loix ; donc il ne peut les transgresser; donc sa liberté ne peut s'appeller licence.

Nous reviendrons à ce mot inventé par l'homme en société, quand nous l'aurons envisagé en cet état.

CHAPITRE VI.

La Société.

L'INDÉPENDANCE est la compagne inséparable de la liberté. Si je dépends d'autres causes déterminantes que de ma volonté, je n'agis plus librement. Si ma volonté elle-même se trouve contrainte dans certaines bornes, je suis encore moins libre dans ce second cas. L'homme qui parcourt à son gré le désert qui le nourrit, ne trouvant d'autres obstacles que ceux que lui oppose la nature, est aussi libre qu'un homme puisse l'être sur la terre. Mais si des limites lui sont tracées, si quelqu'un lui dit : *ceci m'appartient, je le fermerai d'un enclos, et je te défends d'y passer.* Hélas ! ce lieu étoit marqué de sa prédilection ; c'est-là qu'il trouvoit les meilleurs fruits, l'eau la plus fraîche ; c'est auprès de sa source qu'il goûtoit plus doucement le sommeil. Dès-lors une tristesse morne s'empare de lui ; il réfléchit douloureusement ; une autre volonté que la sienne le contraint d'obéir ; il n'est plus libre. En vain il veut se représenter que le reste de la terre est ouvert à ses desirs ; il ne voit que le coin préféré qu'on lui interdit : une telle violence irrite son amour extrême pour l'indépendance et la liberté : on le force déja à ne vouloir plus ce qu'il vouloit ; bientôt on le forcera à faire ce qu'il ne voudra point. De son état à l'esclavage il n'est qu'un pas ; et tel est le premier effet de la société d'un de ses semblables.

Passons à l'état complet de société ; qu'y voyons-nous ? une multitude d'hommes répandus et pressés sur une surface étroite : la terre divisée en une quantité de petits lambeaux, reconnoît par-tout un maître ; forêts, prés, champs, côteaux, chaque portion est sous l'empire d'un propriétaire exclusif ; par-tout des limites, par-tout des entraves : l'homme se livre à mille besoins artificiels et secondaires, qui prennent quelquefois le premier rang ; une invention, l'industrie d'un seul deviennent des maux contagieux pour tous, le cercle d'activité de l'intérêt personnel s'étend à proportion ; chacun se meut en autant de sens différens qu'il éprouve de passions nouvelles. Dans cette action et cette réaction, on se heurte, on se froisse, on se trouve à chaque pas emporté loin de son chemin ; on sent bien-tôt la nécessité de se resserrer et de gêner ses mouvemens. La passion de la liberté reste toujours vive et inaltérable au fond du cœur de chaque homme ; mais l'objet de cette malheureuse passion ne se rencontre plus nulle part ; il n'est plus de liberté.

Entrons dans les bourgades et les villes ; nous y trouverons les hommes réunis, garantis des injures de l'air dans des habitations commodes ; des mets savoureux se présentent à leur faim ; tous les arts s'empressent de remplir leurs desirs et d'en faire naître de nouveaux, afin de les remplir encore ; les plaisirs des sens se multiplient à l'infini ; à peine a-t-on le temps de jouir. Les vastes besoins du riche sont pour le pauvre industrieux qui vit autour de lui, un patrimoine fertile et assuré. Les familles encloses sous le même toit, goûtent les douceurs de sentimens purs et naturels ; les amis se rassemblent, partagent leur bonheur et leurs peines ; on se communique, on s'aime, on se flatte ; tout cela est fort doux, tout cela est à merveille ; mais ce n'est pas la liberté.

Si chaque membre prétendoit en jouir, quel cahos, quels chocs violens de tous les intérêts ! comme on verroit se croiser les efforts dirigés dans tous les sens ! chaque homme, pressé de tous les besoins factices de la société, en proie par conséquent à toutes les passions, rencontreroit sans cesse un autre homme sur son chemin. Le fort écraseroit le foible, et renverseroit tout devant lui, jusqu'à ce qu'un plus fort vînt le renverser à son tour. On ne verroit que carnage, violence, tyrannie exercée et soufferte. Ce seroit alors que toute ombre de liberté auroit disparu; chacun en parleroit dans cet état d'insurrection totale, et nul n'en jouiroit (1); on fuiroit ses foyers, on leur préféreroit les forêts et les déserts; le corps social seroit dissous. Et quel poison l'auroit atteint? La plus noble des facultés chez l'homme de la nature, la plus dangereuse chez l'homme civil : la liberté.

C'est alors seulement qu'elle pren-

---

(1) « Quant à la liberté qu'on prêche tant en l'état populaire, si elle avoit lieu, il n'y auroit ni magistrat, ni loix, ni forme d'état quelconque ». *Bodin.*

droit l'odieux nom de *licence*. Ses effets sont si funestes qu'elle ne doit plus en porter un sacré. C'est toujours la liberté, mais la liberté déplacée ; et elle l'est dès qu'elle se montre au milieu des hommes réunis : (1) dès l'instant que dix hommes resserrés dans une même enceinte ne peuvent plus remuer sans se coudoyer, la liberté est anéantie.

Ils ont bientôt reconnu cette vérité ; j'en atteste les premieres hordes humaines ; j'en atteste ces codes de loix, qui ne sont remplies que de mesures prohibitives, et dont tous les articles sont des digues élevées contre les volontés particulieres. Chacun sentit qu'il falloit recevoir un frein, et se renfermer dans de justes bornes, pour que son voisin en fît autant. L'intérêt particulier bien entendu, devint le

---

(1) « L'indépendance de chaque particulier est » l'objet des loix de Pologne ; et ce qui en résulte, » l'oppression de tous ». *Esp. des loix.* Liv. II.

fondement et l'appui des loix, qui, faisant sa part à chacun, lui donnoient tout ce qu'elles pouvoient lui donner (1).

C'est ainsi que s'est formé le pacte social ; car il a fallu qu'une société reconnût le danger de la liberté dans chacun de ses membres, avant qu'elle songeât à la réprimer. Chacun donc mettant dans un des bassins de la balance la liberté et ses inséparables périls, et dans l'autre toutes les jouissances de l'état social, il vit ce dernier l'emporter. Dès lors le choix fut fait ; l'homme sacrifia sa liberté naturelle, courba la tête sous le joug des réglemens de la société, et se dédommagea de son avilissement par les plaisirs qu'il y trouva.

---

(1) *Quamobrem postquàm vicissim injuriam et intulerint et acceperint, et utrumque gustaverint, qui nequeunt vitare illud, consequi operæ pretium fore ducunt, ut ità inter se paciscantur, ut neque inferri, neque accipi possit injuria : hincque volunt originem habuisse leges.* Plat. rep. Liv. 3.

CHAPITRE VII.

Origine du despotisme ou tyrannie.

Combien d'hommes vivent dans nos édifices, et en ignorent complétement la construction, ne s'inquiétant gueres comment on en a posé les fondemens, ni quelle est la disposition de leur charpente ! Il en est de même pour la plupart de ceux qui vivent dans la société.

L'ignorance de ses conventions et de ses ressorts est la cause que des hommes, au sein de nos villes, osent juger de l'homme social, qui ne doit connoître que des conventions par l'homme naturel qu'ils trouvent en eux, et qui ne connoît que ses passions. Aveugles qu'ils sont, ils osent s'enthousiasmer pour la liberté, ils osent en réveiller la passion dans le cœur des autres, aussi ignorans et aussi inconsidérés qu'eux, et prétendent user de ses droits sacrés, sans songer qu'ils en ont fait le sacrifice, que c'est la monnoie dont ils paient les avantages de l'état civil, et que de l'instant où ils en retireront le prix, ils cesseront d'en jouir.

On a vu, dans le chapitre précédent, les funestes effets que produit l'essor d'une multitude d'hommes reprenant l'exercice de leur liberté naturelle; nous les avons vu frapper de mort le corps politique, dont cette liberté est le poison le plus subtil; nous avons vu la tyrannie de tous, voyons la tyrannie d'un seul.

Le premier despote a été, sans nul doute, un homme fier et énergique, qui ayant oublié que la base de son association politique fut l'abnégation de sa liberté, voulut en redevenir possesseur, et pour cela se mit audessus des entraves qui la restreignoient ; c'est-à-dire, au-dessus des loix. Une fois à ce point, il fut bientôt au-dessus des hommes ; et quelques furent les moyens qu'il employa pour s'y élever et pour s'y soutenir, ce qui est hors de mon sujet, il n'en est pas moins vrai que ce qui le porta à s'élever, ce fut le désir effréné de se dégager de ses liens, et qu'ainsi la passion de la liberté dans un seul homme puissant, fut la source de la tyrannie. Sondez le cœur humain, et vous découvrirez même que ce plaisir secret et si doux, qu'on éprouve à commander, vient de ce qu'on se croit libre dans ce rang suprême, parce que nos volontés deviennent alors des loix. Remarquez quel rapport intime on découvre entre la puissance et la liberté réunis sur la même tête ; pourquoi desire-t-on la puissance ? c'est pour faire ce que l'on veut ; et l'idée d'un homme puissant ne nous semble peut-être si belle, que parce que nous croyons y entrevoir celle d'un homme libre. Observez aussi combien le sage méprise les grandeurs, par cette seule raison que les devoirs nécessaires de celui qui commande, lui paroissent un véritable esclavage. Zénon disoit souvent que les sages et les Rois étoient les seuls libres (1). L'un recherche l'autorité, parce qu'il croit y voir la liberté; et l'autre ne la fuit que parce qu'il croit que la liberté en est loin. Mêlez-y un peu d'orgueil, et vous aurez le secret de tous les deux.

Je sais que l'on pourroit m'objecter que cet orgueil, dont je ne parle que légérement, est la vraie source du desir de s'élever, et de commander aux loix et aux hommes. Mais on ne fait pas réflexion que l'orgueil est un sentiment qui naît de la comparaison; un homme seul n'auroit d'orgueil

---

(1) Diog. Laert. *Lib. VII.*

d'aucune espece. Aussi-tôt qu'il est réuni à d'autres, il peut avoir celui qui naît de la beauté, et de tous les avantages naturels qui frappent d'abord ses sens ; mais l'orgueil qui naît de la grandeur, ne peut naître avant l'objet qui le produit ; le premier homme qui a songé à s'élever, n'avoit donc pas encore ce genre d'orgueil : il ne s'est élevé que pour se dégager des gênes de la loi. C'est alors que son élévation a fait naître chez lui l'orgueil, et chez les autres l'envie de parvenir au même point, c'est-à-dire, l'ambition. Il n'en reste pas moins évident que c'est un amour excessif de la liberté qui l'a conduit à s'élever.

Voici le cours naturel des événemens : Un membre de la société veut conserver les avantages de cet état, et y réunir l'exercice de sa liberté ; mais bientôt les autres s'opposeront à une liberté qui ne peut se déployer qu'à leurs dépens. Il faut donc que celui qui veut être libre, se rende maître de ses compagnons, pour les contenir, et les empêcher de gêner sa liberté : telle a été la génération de la tyrannie.

Locke n'a pu mieux définir la liberté qu'en l'appellant *puissance* ; et un politique Polonois voulant prouver que les nobles de son pays étoient libres, a cru remplir sa tâche en prouvant leur toute-puissance sur les serfs (1).

---

(1) *Observ. sur le Gouv.* Trad. du Polonois.

CHAPITRE VIII.

Rapprochement des despotes et des peuples en insurrection.

Un peuple se souleve : amour de la liberté. Un despote s'éleve au-dessus des loix : encore amour de la liberté. Les effets sont hideux, mais la cause en est respectable ; et certes, il faut que je me rappelle que je suis citoyen pour les condamner ; si je l'oublie un instant, je redeviens homme, et je les excuse.

Je dois cependant en établir la différence. Un tyran est un objet odieux, par un égoïsme qui se sacrifie tout, et presque ridicule quand on considere qu'un souffle peut le renverser.

Il n'en est pas de même d'un peuple. Quelqu'absurde qu'il soit dans chaque individu, de prétendre à une liberté directement contraire au pacte d'association, c'est vraiment un grand et magnifique spectacle que celui d'une assemblée d'hommes, qui tous levent fiérement la tête pour réclamer ce qu'ils pensent être leurs droits, et font des efforts terribles pour sortir de leurs chaînes. On reconnoît alors quelqu'esquisse des grands traits que le Créateur avoit imprimés à son ouvrage ; et l'observateur contempleroit longtemps, sans se lasser, un spectacle pareil, si ses regards n'étoient bientôt souillés par les scènes sanglantes du peuple, et par les crimes de ceux qui ne manquent pas de le tromper dans ces sortes d'événemens.

Un tyran d'ailleurs concentre son activité destructive dans une certaine sphere ; les têtes les plus élevées sont seules exposées à ses coups ; soyez obscur et vous lui échapperez. Au contraire, la tyrannie de tous est à redouter aussi pour tous (1) ; le citoyen

---

(1) « La plus forte tyrannie n'est pas si misérable
paisible

paisible sera la victime du factieux ; il aura à craindre le calomniateur, l'ambitieux, l'ennemi personnel. Voltaire disoit, qu'il aimoit mieux vivre sous la patte d'un lion, que d'être continuellement rongé par les dents d'un million de rats ses confreres (1).

» que l'anarchie, quand il n'y a ni princes, ni
» magistrats. . . . . La tyrannie d'un
» prince est pernicieuse ; de plusieurs, encore pire ;
» mais il n'y a point de plus dangereuse tyrannie que
» celle de tout un peuple ». *Bodin.*

(1) Lettre au Maréchal de Richelieu, 10 mai 1771.

CHAPITRE IX.

Instabilité des sociétés humaines; leur cause.

Quelques soient les conventions de la société, elles ne changent rien à la nature de l'homme. Il couve toujours au fond de son ame un desir de liberté, qui s'irrite d'autant plus qu'on appesantit davantage ses chaînes : les préjugés, la religion, la crainte peuvent le retenir longtemps écrasé sous leur poids ; mais enfin quand il excède leurs forces, l'amour de la liberté se réveille tout-à-coup avec fureur, et le trône du despote est renversé par l'explosion. On ne peut se tromper en prédisant hardiment que tel sera, tôt ou tard, le sort inévitable de tous ceux qui règnent sur les hommes. Alors renaît l'état de discorde civile ; et c'est ainsi que la tyrannie d'un seul produit immanquablement la tyrannie de tous, l'état d'anarchie, qui, par une semblable raison, reproduira enfin le despotisme d'un seul (1). Un génie actif, ambitieux, conservera encore le desir d'être au-dessus des loix, quand les autres commenceront déja de se lasser des convulsions civiles ; il feindra de diriger tous ses efforts contre l'ancien tyran, et se plaçant à l'autre extrémité du levier qui pèse sur celui-là, il s'élevera rapidement par la même force qui précipitera l'autre. Ai-je besoin d'en citer des exemples ? l'histoire en fournit à chaque page. Les hommes, sans cesse entraînés dans cette fluctuation inévitable du despotisme à l'anarchie, passent par des positions successive-

---

(1) *Eadem igitur ratione ex populari tyrannis oritur, quâ ex tyrannide popularis...... Quin etiam ejus quod in populari bonum censetur, libertatis cupiditas, ipsam quoque pervertit.* Plat. rep. Liv. VIII.

ment plus douces ; ils saisissent un moment le point de l'équilibre ; ils croient avoir rencontré la liberté, et ils n'ont trouvé que le repos.

Ce sont les hommes qui font les événemens. Les plus grands même n'ont d'autres causes que de petits intérêts, de petites passions particulieres. On croit que la politique est une science bien étrange ; n'allez pas la chercher hors de vous-même ; apprenez à connoître l'homme, et bientôt vous saurez la politique (1).

Les physiciens de l'antiquité disoient que la nature avoit horreur du vide. Nous pouvons dire avec bien

---

(1) « Ce n'est pas toujours par les contentions et
» dissenssions touchant les affaires publiques, que les
» séditions des villes s'allument ; ainsi bien souvent
» les querelles et riotes issues de négoces particuliers,
» et procédées jusqu'au public, ont mis sans dessus
» dessous toute une ville ». *Plutarq. Moral.*

plus de certitude, que l'esprit humain a horreur de toute dépendance. C'est dans cette antipathie pour tout ce qui est contrainte, c'est-à-dire, dans cet amour vif de la liberté, que gît le secret plaisir que l'on éprouve à faire une action prohibée, qui, sans ce ragoût, seroit très-indifférente en elle-même ; et le fruit défendu n'est si savoureux que parce qu'en le mangeant, on fait un acte d'indépendance, que l'on se soustrait aux entraves de la loi, et qu'on rend à sa volonté sa liberté naturelle.

Il est donc une double vérité bien constante : c'est que l'homme est fait pour être libre, qu'il en conserve toujours le desir, et qu'en même-temps cet esprit de liberté, soit chez un seul, soit chez tous, entraîne toujours d'affreuses catastrophes, et la dissolution de la société.

N'en doutons pas un moment ;

quelques solides que soient les fondemens d'un État, sa durée ne comptera jamais qu'un certain nombre d'années ; son nom pourra lui survivre, mais sa constitution changera. La république romaine, quoiqu'elle eut conservé ce titre, existoit-elle encore quand Sylla y eut paru ? Et quelle sera dans tous les siècles la cause morale de cette subversion périodique ? La contradiction puissante et occulte entre la nature de l'homme, qui voudra sans cesse être libre ; et celle de la société, qui ne veut qu'obéissance de la part de ses membres.

Une réflexion naturelle se présente ici. A voir les peuples d'un côté, les tyrans de l'autre, s'indigner et s'élever tour-à-tour contre les loix : à voir la secrette impatience avec laquelle ils les supportent, l'appétit d'indépendance et de liberté qui les tourmente, ne diroit-on pas, que détestant avec constance tout ce qui fait la sanction de la société, aimant avec passion ce qui en est la ruine, et portant en eux-mêmes son principe destructeur, ils ne sont dans aucun temps, ni propres ni formés pour elle ?

CHAPITRE X.

Obéissance aux loix.

Si l'amour de la liberté, tel que l'éprouve la multitude qui ignore les restrictions métaphysiques, produit, et le désordre, et les tyrans, gardons-nous de prononcer jamais un nom trop flatteur, effaçons-le du catalogue des affections de l'homme social, et mettons en tête pour le remplacer : *obéissance aux loix.*

Un Grammairien a écrit sur les synonimes françois, pour prouver qu'en françois il n'y a point de synonimes ; j'ai écrit sur la liberté, pour prouver que dans l'état civil il n'y a point de liberté.

Un doute me décourageoit et à chaque ligne suspendoit ma plume. Est-il bien possible, me disois-je, qu'une vérité d'une telle évidence ait besoin d'être prouvée ? La belle découverte dont je fais part aux hommes, que de leur apprendre qu'ils ne sont plus libres, comme dans l'état de nature ! En m'engageant dans une pareille démonstration, je vais à coup sûr devenir ridicule. Cependant j'ouvrois leurs archives, et j'y voyois partout cette phrase de mensonge, bien plus ridicule que mes argumens : *Les hommes naissent et demeurent libres*. Alors je reprenois courage. O vous, qui n'êtes pas égarés ! qu'une logique saine guide encore ! si vous avez pensé tout ceci avant moi, ce n'est pas pour vous que j'écris ; mais unissons nos efforts ; désillons les yeux de ces malheureux qui se croient libres, et dont le plus grand malheur est cette perfide croyance.

Ici j'aurois terminé cette premiere partie de ma tâche, si une objection singuliere ne se présentoit ; elle s'élève de tous côtés ; l'opinion des gens, qui font à la longue l'opinion publique, l'accrédite ; et en vérité, le seul respect que j'ai pour eux, m'engage à m'y arrêter.

En vain ai-je fait tous mes efforts pour prouver que l'idée de société exclut celle de liberté ; peut-être aurai-je amené la conviction dans une ame non prévenue ; mais on va m'assurer que la liberté existe dans l'état civil ; mes raisonnemens vont être traités de sophismes, et l'on va me dire sérieusement : cette *obéissance aux loix* que vous recommandez, n'est autre chose que *la liberté*.

Il faut avouer que s'il étoit permis de rire dans un sujet aussi grave, ce seroit d'une telle assertion. J'y trouve deux circonstances remarquables ; c'est qu'on ait pu imaginer qu'*obéissance et liberté* fussent une même chose, et qu'on ait pu le persuader à quelques hommes. Mais il est facile de donner la clé de cette contradiction apparente.

Quand on a voulu séduire les peuples, il a fallu leur parler de liberté; et quand les séducteurs, ayant atteint leur but, ont voulu faire rentrer ces peuples dans les liens de la sociabilité, il a fallu les tromper une seconde fois, en leur disant que la liberté étoit l'obéissance aux loix. C'est ainsi qu'une supercherie en nécessité une autre; et voilà tout concilié.

La fausseté est si évidente, qu'au moment où l'on a soulevé le peuple contre les loix établies, ce n'étoit pas sans doute l'obéissance à ces mêmes loix qu'on lui prêchoit; mais les nouvelles n'existoient pas encore; c'étoit donc la liberté sans limites qu'on lui donnoit à entendre. Nous avons vu quels étoient ses effets dans la société: que l'on juge.

On a mieux déguisé quelquefois l'absurdité, et l'on a dit simplement, que *l'obéissance aux loix maintenoit, assuroit la liberté publique.* Ceci a un air de probabilité plus séduisant; les mots n'ayant aucune précision, et ne tombant sur rien en particulier, ne présentent qu'une idée vague, dont on peut se contenter. Mais examinons le fond des choses : qui est soumis aux loix ? c'est le citoyen. A qui doit revenir cette liberté, que vous appellez *publique ?* au citoyen. C'est donc toujours en dernier résultat sur la même tête que se réunissent les deux antipathies, et le rapport discordant de l'obéissance et de la liberté, que l'on avoit espéré sauver, en rendant l'expression plus vague.

CHAPITRE XI.

Continuation du même sujet.

Vous avez, me dit-on, *la liberté de faire tout ce qui n'est pas défendu par la loi* (1). Plaisante maniere d'être libre ! Et si la loi me défend de faire ce que je desire le plus chèrement, où sera donc ma liberté ? Si je vois un fruit appétissant, il faut me garder d'y porter une main coupable ; il pend dans le verger d'autrui. Les impôts m'enlèvent les premiers fruits de mon labeur. Si la faim et la misere me pressent au milieu de mes semblables qui regorgent de délices, je dérobe ce que leur pitié me refuse, ce qui est nécessaire pour soutenir ma vie ; un échaffaud m'attend

---

(1) *Libertas est naturalis facultas ejus quod cuique facere libet, nisi si quid vi, aut jure prohibetur.* Inſtit. de jure person.

pour récompense. Cette campagne si riante, je ne puis la parcourir; de tous côtés des barrieres ou des peines me le défendent, on me trace un sentier étroit où je puis promener ma liberté, pourvu que je ne m'en écarte pas. Cette belle femme n'est pas la mienne; détournons brusquement la vue; le desir qui s'allume en la regardant, est déja un crime contre la société; ce sentiment fougueux ne doit naître qu'avec une permission du magistrat. On me fixe ainsi à chaque pas la direction d'où ma volonté ne doit pas diverger; pour lui permettre d'agir, il faut que je parcoure, dans tous les momens, les feuillets d'un code volumineux; et si j'y trouve l'article fatal qui en prohibe l'effet, il faut soudain que je l'étouffe, et que je me restreigne à vouloir seulement ce qui m'est permis. Me voilà donc réellement dépouillé de la partie la plus noble de ma liberté, celle de vouloir suivant mon libre arbitre. La jeunesse est pour moi un état perpétuel de dépendance et de non-liberté ; mes plus belles années sont un titre d'exclusion à tous les droits de la cité, je les consume dans l'asservissement total. Ma pauvreté est un plus grand défaut encore, elle m'efface du tableau des citoyens pour m'inscrire sur une liste de nullité et d'avilissement. Où donc est la liberté ? Sans cesse je trouve ma volonté anéantie ; sans cesse il faut lui substituer la loi.

Je dis bien plus : j'aurois moi-même dicté cette loi, que je n'en serois pas plus libre. Il est évident que je ne l'ai pas dictée pour moi seul, mais afin que les autres s'y soumissent aussi ; je ne porte son joug que parce qu'il est nécessaire ; si j'enfreins les règles établies, tous m'imiteront bientôt, et je ne profiterai plus des avantages qu'elles m'offroient : voilà ce qui me détermine. Je donne l'exemple de l'obéissance ; c'est volontairement que je prends des fers ; mais en suis-je moins esclave d'une loi, qui certes n'est pour moi que celle de nécessité ?

C'est encore là cependant une des graves objections des gens qui s'obstinent à soutenir l'union discordante de l'*obéissance* aux loix et de la *liberté*. » Vous obéirez, il est vrai, mais à » des loix que vous aurez faites vous-» mêmes ». Quelle pitié ! Avez-vous de la raison ? Nous en avons, dites-vous : que n'en faites-vous donc usage tout bonnement, au lieu d'employer tant d'esprit et d'astuce à tromper les hommes (1) ?

Dans les empires réputés les plus libres, je ne vois qu'une ordonnance un peu plus sage dans l'édifice des loix. Mais une subordination exacte et graduelle règne dans l'État ; mais

---

(1) M. Aur.-Liv. XIII.

le pauvre est toujours dépendant du riche, et la loi qui porte sur tous également, est un frein, comme ailleurs, pour toutes les volontés particulières (1).

J'entends d'ici la réponse qu'on me prépare : « Je n'ai qu'à vouloir ce que » la loi veut, et alors je pourrai faire » ce que je voudrai, alors je serai li- » bre ». Je sais gré de sa franchise à celui qui me parle ainsi. Ne semble-t-il pas arriver dans une mauvaise hôtellerie, où l'on vous assure en entrant que vous trouverez tout ce que vous desirerez ; mais comme dans le fait il y a très-peu de chose, il faut se résoudre à ne desirer que ce qu'il y a, et c'est un expédient sûr pour avoir tout ce qu'on desire. Qu'on me

---

(1) « Bias disoit, que la république la meilleure, » à son avis, étoit celle où la loi étoit autant » redoutée que le plus sévère tyran ». *Plutarq. Sympos.*

D.

passe cette comparaison triviale, en combattant un principe qu'on ne peut guères attaquer plus sérieusement.

En effet, il n'est pas une de mes démarches, un peu importantes, où je ne doive oublier ma volonté et mettre la loi en sa place. Il n'est pas même une de mes actions les plus indifférentes, qui ne soit marquée du sceau de la contrainte. Si j'échappe à l'empire des loix, celui des égards, des devoirs particuliers, de l'opinion publique, vient me poursuivre jusques dans l'intérieur de mon habitation ; jamais je ne fais ce que je veux : toujours je fais ce qu'il faut faire, en vertu de choses qui ne sont pas moi.

CHAPITRE XII.

Conclusion de ce premier Livre.

Je m'arrête ici. Peut-être m'accuse-t-on de ravaler la société de mes semblables, et de lui préférer le chimérique bonheur d'une liberté sauvage ? non, sans doute ; et je confesse tout haut que je ne trouve pas en moi tant d'énergie. Vantez-moi les délices de votre état, je vous écouterai avidement ; je renchérirai, peut-être, sur les éloges que vous prodiguerez à l'état civil ; ma patrie, ma famille, mes amis me sont bien chers : je sens tous vos avantages ; mais ne me dites pas que vous êtes libres : si vous êtes parvenus à vous le persuader, détrompez-vous ; votre erreur est funeste ; vous ne me la ferez jamais partager : si les fleurs qui couvrent vos chaînes, vous en dérobent la vue, je souleverai la guirlande, et vous jugerez vous-mêmes. Rappellez-vous de ce Loup, qui, chez un de nos Poëtes philosophes, reconnoît sur le cou du Chien la flétrissure du collier. Renoncez donc à la liberté, n'espérez pas atteindre à la majesté de l'homme naturel ; sans doute je préfère à son état les douceurs que je trouve au milieu de vous ; c'est pour cela que je suis en France, et que je n'habite point au milieu des bois et des antres de Dembo. Mais si j'y fusse né, si j'eusse goûté les fruits de l'arbre de liberté, peut-être auriez-vous de la peine à déterminer mon choix pour vos villes (l'homme libre ne se transplante pas , et à coup sûr , quand j'y serois, je ne croirois pas avoir conservé ma liberté et mon indépendance.

Le premier flatteur qui a dit à un homme puissant : élevez-vous au-dessus des loix établies, faites-en d'autres pour vous seul, que votre volonté soit votre seule règle ; celui-là, dis-je, a créé la tyrannie des grands. Celui qui a tenu le même discours aux peuples (car ils ont aussi leurs flatteurs), a créé la tyrannie des particuliers et les discordes civiles. Ce sont-là les deux grandes sources de la subversion et des malheurs de la chose publique. Habitans de toutes les cités, ayez toujours présente la premiere condition de votre pacte ; et quand la passion de la liberté, qui n'est qu'amortie au fond de vos cœurs, viendra à se réveiller, gardez-vous de vous y livrer en aveugles : rassemblez-vous autour du sanctuaire des loix, hâtez-vous de resserrer les nœuds dont elles vous étreignent, ou reprenez le chemin des forêts ; tous les crimes vont se déborder sur votre patrie.

Le second livre de cet ouvrage présentera quelques restrictions que peut souffrir ce principe. Combien de philosophes ont écrit pour vous persuader que vous étiez libres ; et avec quels transports n'avez-vous pas reçu cette erreur flatteuse ! Si jamais j'ai dû regretter leurs talens, c'est quand je parle au nom de la vérité ; vérité âpre, qui trouvera toutes les ames fermées à son approche, et à qui je gémis de ne pouvoir prêter qu'une voix si foible ; mais il y va de votre bonheur si vous la méconnoissez : mon livre périra peut-être ignoré ; elle ne périra jamais, et sera toujours la cause occulte de vos maux ; ce sera la racine de toutes les maladies qui affligent les corps politiques ; et s'il est vrai que je vous la montre, au moins ne détournez pas les yeux.

Que conclure de tout ceci ? Premièrement, que si la liberté est une bonne chose, la société est encore une meilleure chose, et qu'il faut, sans hésiter, sacrifier l'une à l'autre, puisqu'elles sont incompatibles.

Et puisque le premier article du pacte social est l'abnégation de sa liberté ; puisque cette liberté, si aimable dans l'état de nature, est le principe de destruction le plus actif pour la société, je conclus encore :

Que tous ceux qui, dans tous les temps, ont dit aux hommes en société : *vous êtes nés libres, et nous allons vous rendre votre liberté*, leur ont dit le mensonge à la fois le plus grand, et le plus dangereux en politique.

LIVRE SECOND.

Nous allons dans ce second livre, rechercher ce qu'on doit entendre par liberté dans l'état civil ; et nous verrons quelle est la disposition générale qui peut l'y maintenir.

CHAPITRE PREMIER.

Ce qu'il faut entendre par liberté dans l'état social.

Lorsqu'on établit un principe, et lorsqu'en même-temps on combat un préjugé, il ne faut souffrir aucune restriction, et raisonner à toute rigueur. C'est ce que nous venons de faire, en prouvant que la liberté est non-seulement une chimère dans l'état civil, ce qui seroit assez peu important ; mais qu'elle est son principe infaillible de destruction, ce qui est très-sérieux.

Maintenant que nous y sommes parvenus, nous pouvons nous arrêter un moment, et composer avec l'espèce humaine.

Il est vrai que dès l'instant où des hommes se réunissent, et se renferment dans certaines limites, ils font le sacrifice de leur liberté ; car l'idée de liberté est une idée intègre, qui ne peut souffrir de restriction. Mais entre la liberté et l'esclavage, il est un grand nombre de degrés sur lesquels l'homme peut s'arrêter ; et sinon être libre, du moins ne pas gémir dans l'oppression.

Plus nous pourrons rapprocher les hommes de cet état de liberté naturelle, qui est le secret objet de leurs desirs ; plus nous devrons le faire ; et il ne faudra nous arrêter que quand le relâchement que nous donnerons aux entraves de chacun, deviendra funeste pour ceux qui l'entourent (1).

Nous devons, au contraire, les préserver soigneusement de tomber vers l'autre extrémité. La société courra de grands dangers, si elle penche vers l'esclavage ; car le ressort étant trop comprimé, viendra enfin à se débander violemment, et reportera les hommes à l'autre extrémité, l'état de liberté naturelle, qui détruira la société jusques dans ses fondemens.

Mais si entre la *liberté* et *l'escla-*

---

(1) « L'exercice des droits naturels de chaque
» homme, n'a de bornes que celles qui assurent
» aux autres membres de la société la jouissance de ces
» mêmes droits ». (*Déclarat. des droits de l'homme*).
Cette phrase de M. l'Abbé Syeyes est très-belle ;
c'est une idée vraie, rendue avec vivacité et précision.

vage il se trouve différentes positions, où le corps civil puisse se fixer, quel sera alors son principe ; quel sera le nœud qui l'assujettira dans ces nouveaux points ?

Interrogeons les hommes ; ils résoudront la question par leur réponse.

Si nous parcourions les classes les plus nombreuses de la société, celles des laboureurs, des commerçans, des artistes, des ouvriers de tous les genres, et que nous demandions à chacun quelle chose il exige de la société ; nous répondroit-il que c'est la liberté qu'il desire ? Non ; je ne crois pas qu'il y songeât. De quelle liberté a besoin le laborieux cultivateur, qui, attaché à son sillon, borne à-peu-près tous ses desirs dans le cours de chaque année, à une heureuse succession du froid et du chaud, de l'humidité et de la sécheresse ? De quelle liberté a besoin l'artiste, qui dépendant de l'opinion publique et de la bourse de l'homme opulent, demande seulement que l'une le récompense de ses travaux par les éloges, et le second par l'argent ? De quelle liberté enfin croit-on qu'ait besoin l'artisan obscur, qui sans cesse retenu dans son attelier, occupé à tourner, ou à équarrir une poutre, ou à limer son acier, ne songe guères qu'à nourrir du prix de ses sueurs, la famille dont la providence l'a fait père ?

Passons chez les hommes que leurs richesses exemptent des travaux de ces différens états. Nous y rencontrerons d'abord des oisifs, qui ne manqueront pas de nous demander à grands cris d'être libres ; c'est vraiment dans cette classe que se rencontrent les amateurs de la liberté ; il faut avoir tout son temps à soi pour la goûter (1), puisqu'elle n'est

---

(1) Platon (*Leg.* Liv. VII.) et Aristote (*Polit.*

autre chose que la faculté et le plein pouvoir de se livrer à toutes ses fantaisies. Mais leur donnerons-nous la liberté, à ces riches oisifs ? confierons-nous un instrument aussi dangereux à des gens nécessairement en proie, par leur oisiveté, à toutes les passions naturelles, et par leurs richesses, toutes les passions factices ? ou les regarderons-nous, à l'exemple de tous les peuples, comme les frêlons de la grande ruche, et comme des pestes de la société ? Je crois que ce sera le parti le plus sage, et que bien loin de les dégager de tous liens, il faudra provoquer sur eux toute la prudente surveillance des loix.

Il est encore une autre classe d'hommes qui, à-coup-sûr, invoqueront la liberté : ce sont tous les scélérats que les loix contraignent, soit

---

Liv. VIII.) veulent que la terre soit cultivée et les arts exercés par des esclaves ; ils ne croyoient pas que ces conditions pussent être libres.

qu'ils habitent les cachots, soit qu'ils occupent la scène du monde. On peut juger de la nature de la demande par ceux qui la font.

Quant aux riches occupés qui servent la patrie, soit en remplissant des charges, soit en administrant de grandes propriétés, ou en s'adonnant à l'étude des sciences, à coup sûr ceux-là, plus intéressés que nuls autres à l'exacte observation des loix, ne demanderont pas une liberté, dont ils ne sauroient que faire pour eux, et qui les gêneroit beaucoup dans les autres. Il ne nous reste plus enfin que cette portion de la société, qui s'est soumise aux joug de la discipline militaire ; ce n'est pas à cette portion que nous serons tentés de rendre l'indépendance.

Par ce tableau raccourci, on voit que la partie la plus nombreuse et la plus saine de nos sociétés, ne desire, ni ne peut desirer la liberté ; que ceux qui la desirent par état, sont des gens dangereux pour tous ; aussi si jamais elle essaie de s'introduire au milieu de nous, ce sera par cette classe d'oisifs, dont j'ai parlé.

Quel est donc le vœu du grand nombre ? que demande-t-il au corps social ?

Tous, riches et pauvres, de quelqu'état et condition qu'ils soient, demandent : *Sûreté dans leur vie et leurs propriétés, et justice égale pour tous, si on les attaque dans une de ces choses* (1).

Voilà, en effet, ce que chaque membre doit desirer, et a droit d'exiger de la société entière, et voici en conséquence quel est le modèle du pacte social.

---

(1) « La liberté philosophique consiste dans l'exercice de sa volonté..... La liberté politique consiste dans la sûreté. » *Esp. des loix.* Liv. III.

PACTE

PACTE SOCIAL.

Article premier.

Obligation de chaque particulier envers la société.

Je renonce à l'exercice de ma liberté naturelle, et je m'engage à obéir aux loix de la société.

Article II.

Obligation de la société envers chaque particulier.

Nous promettons à l'homme qui s'associe à nous, de le garantir de toute atteinte dans sa personne et ses propriétés, et de ne l'obliger d'obéir qu'aux loix communes, instituées pour le maintien de la justice publique, à laquelle tous ont un droit égal.

De cette formule simple découlent tous les droits et les devoirs réciproques de l'état social. Les hommes n'ont point d'autres *droits* que ceux qui maintiennent au milieu d'eux sûreté et justice ; quand on a passé ces bornes, on les a trompés. Et ce n'est point une convention arbitraire ; c'est une convention nécessaire, absolue, indispensable, dictée par la nature des choses ; c'est d'elle que naît l'idée et l'essence de toute société. Nous avons vu s'opérer sa dissolution dès que chaque particulier manque au premier article ; elle s'opérera de même si l'on déroge au second ; et comme la société n'est plus obligée à rien vis-à-vis de celui qui veut reprendre sa liberté naturelle, celui qui se trouve lézé sans pouvoir obtenir aucune justice, se trouve aussi dégagé de tous liens vis-à-vis de la société.

Puis donc que l'homme social rénonce à sa liberté et reçoit en échange une garantie pour sa sûreté, qui se maintient à l'aide de la justice; c'est évidemment la justice qui remplace la liberté; et si la plus forte passion chez l'homme de la nature étoit celle de la liberté, la plus forte chez le citoyen doit être celle de la justice.

CHAPITRE II.

Moyens de maintenir la justice.

La justice consiste à faire jouir chacun d'une sûreté complette dans sa vie et ses propriétés ; et tous en jouiront, si chacun se resserre dans des bornes prescrites, ne faisant que ce qu'il doit faire, sans se mêler aucunement des fonctions d'autrui. Telle est donc la justice, et c'est aussi la définition qu'en donne Platon dans le plus beau de ses ouvrages, où il traite du juste et de l'injuste (1).

Il ne suffiroit pas d'une condition abstraite, renfermée dans un article du pacte social, pour contenir toutes les passions et les volontés particulières ; afin d'y parvenir, on a imaginé des réglemens, auxquels tous

---

(1) Rep. Liv. IV.

les citoyens seroient également assujettis ; ces réglemens, faits dans l'unique vue de maintenir la justice, ont reçu le nom de *loix*, et ceux qui ont été chargés de les faire exécuter, sont les *magistrats*.

Nous reviendrons dans le troisième livre à la confection et à l'exécution des loix.

Ces réglemens établis pour assurer une distribution exacte de la justice, sont devenus comme ses représentans ; manquer aux loix, c'est manquer à la justice, et par conséquent au pacte d'association. *L'obéissance aux loix* dérive donc immédiatement de la nature de la société, et elle ne doit plus d'égards à celui qui les blesse d'une manière trop grave. On sait le jugement inique qui fit mourir Socrate ; avant son exécution, Criton voulut le sauver et lui procurer un asyle en Thessalie : mon ami, lui répondit ce grand homme, mon jugement est injuste ; mais il seroit encore bien plus injuste de me soustraire à la loi.

L'idée de liberté nous menoit à l'inpendance ; celle de justice, que la société lui substitue, nous conduit directement à l'obéissance.

CHAPITRE III.

Différence des loix, et des ordres arbitraires.

De même que la médecine n'est point instituée pour l'avantage du médecin, mais pour celui des malades; et la navigation non pas seulement en faveur du pilote, mais de tous ceux qui sont dans le navire; de même aussi les loix ne sont pas instituées pour l'avantage particulier des magistrats; mais pour l'avantage de toute la société.

C'est à cette idée d'utilité publique, qui est l'essence des loix, qu'elles doivent le respect qu'on a eu pour elles dans tous les temps, et les titres d'honneur que les hommes leur ont prodigués. Ciceron et Plutarque disent que *la loi est la reine des dieux et des hommes.*

Pour que la loi soit juste, il faut qu'elle s'étende également sur tous ; qu'elle n'ait égard ni aux rangs, ni à la puissance, ni aux richesses. La déesse qui y préside, porte un bandeau sur la vue ; elle ne connoît personne ; elle est immuable et impassible.

Le magistrat qui rend ses oracles, ne doit parler que par elle, et doit être, comme elle, sans passion. Dans ce cas, tout citoyen doit respecter leur personne, et sur-tout leur caractère.

Mais si le dépositaire des loix abuse de la force qui lui est confiée, si la passion interprète les loix pour ou contre les citoyens, si l'homme remplace le magistrat, et qu'enfin abrogeant à son gré, ou établissant des loix, ses simples volontés deviennent des ordres suprêmes, dès-lors la sûreté publique est confiée à une volonté arbitraire ; elle est par conséquent livrée au hasard, au caprice des passions ; le pacte social est dissous, il n'est plus de loix, ni de citoyens, il n'est plus qu'un maître et des esclaves.

On conçoit la différence énorme qui se trouve entre obéir à un maître et obéir à des loix. Ni l'un, ni l'autre n'est la liberté ; mais l'un est l'esclavage et l'autre ne l'est pas : et les hommes qui ne jugent jamais que par des relations, voyant un état différent de l'esclavage, l'ont appellé *liberté*, sans songer que la liberté étoit encore bien autre. Le même mot leur servant donc à exprimer deux choses différentes, il est jailli de là une source d'erreurs et de contradictions dans les idées et dans les choses, qui a déja coûté bien du repos et du sang au genre humain.

Cette prétendue liberté (que l'on a

surnommée *politique*, pour déguiser l'absurdité, et que le peuple sépare toujours de son surnom) a cependant, aussi bien que la vraie liberté, quelque rapport secret avec nos passions, mais ce n'est point le même. Le premier est la satisfaction que l'on éprouve à suivre en tout sa volonté ; celui-ci consiste dans le plaisir que ressent notre amour-propre de n'être point soumis aux ordres immédiats d'un de nos semblables ; mais de n'obéir qu'à un code de loix, qui est un être inanimé, sans conséquence, qui ne peut humilier l'orgueil, et devant qui le dernier citoyen est l'égal du plus distingué ; ensorte que, même condamné par la loi, il peut sortir satisfait de son sanctuaire, pour y avoir vu l'homme puissant rangé sur la même ligne que lui, et ne l'emporter qu'à raison de son bon droit.

Outre ce plaisir, si doux pour l'homme, qui supporte avec peine les inégalités inséparables de l'état civil, il trouve encore dans l'observation des loix un refuge certain contre l'oppression, et le gage de sa sûreté ; il doit donc la chérir à plus d'un titre.

Combien, au contraire, toutes ses passions ne doivent-elles pas souffrir de tortures, se voyant forcées d'obéir, non à des loix communes, établies pour l'avantage de tous, mais à des ordres arbitraires, qui n'ont pour but que le bien d'un seul, et l'accomplissement de tous ses caprices ? C'est dans cet état que l'homme abruti jusques dans son jugement, peut retourner le raisonnement de Caligula, et dire : « Je suis, sans doute, » d'une espèce inférieure à celle de » mes maîtres, puisque je ne suis sur » la terre que pour les servir ».

C'est là ce que l'on doit appeller l'esclavage ; et j'appellerai, par opposition, l'état où l'on n'obéit à d'autres maîtres que les loix, *l'état de franchise.*

Et en effet, le plus beau nom qu'une nation puisse porter, n'est-ce pas celui des FRANCS ? Quel dommage si cette nation n'avoit pas une idée vraie de la franchise !

CHAPITRE IV.

Danger du mot de liberté.

Être affranchi de toutes volontés arbitraires, n'avoir de maîtres d'aucune espèce, et obéir à des loix ; tel est le criterium des desirs raisonnables de l'homme civil. Il faut pouvoir dire d'une société, ce que Bossuet disoit de la congrégation de l'oratoire : *Tout le monde y obéit, et personne n'y commande.*

Ici l'on a droit de me faire une question : Pourquoi, peut-on me demander, refusez-vous d'appeller l'état d'obéissance aux loix, *la liberté ;* et pourquoi vous servez-vous pour cela du mot peu usité de *franchise ?*

Je demande à mon tour, pourquoi l'on ne veut qu'un seul mot pour exprimer deux choses aussi différentes que la liberté, et l'obéissance aux loix?

Est-ce pour renforcer l'ombre de liberté que les loix laissent aux hommes, et pour les amuser par cette illusion ? Mais, en bonne foi, quel misérable plaisir pour tout un peuple, que celui qui ne se soutient que par l'erreur, et que le plus léger retour à la raison peut anéantir à jamais !

Si cependant la discussion ne portoit que sur les mots, et qu'elle n'eût que des conséquences purement grammaticales, ce pourroit être l'objet de l'attention d'une séance académique, mais celle-ci porte sur les choses, et mérite l'attention du genre humain.

Une vérité incontestable, et dont nous sommes convenus (1), c'est que le commun des hommes n'entend par

---

(1) Liv. I. chap. II, à la fin.

la liberté, autre chose que le pouvoir de faire ce que bon lui semble. Il est encore de toute évidence que l'expression combinée de *liberté politique* ne peut être comprise par le peuple ; car enfin, pour concevoir ce que c'est qu'une *liberté politique*, il faudroit qu'il sût d'abord ce que c'est que *politique* ; il faudroit qu'il eût les connoissances abstraites des philosophes, et il ne les aura jamais.

Quelle est d'ailleurs la disposition habituelle du plus grand nombre des hommes ? Ont-ils sans cesse présentes les conditions du pacte social, et balancent-ils avant d'agir, les avantages de la liberté, et ceux de l'état civil ? Non ; ce seroit la plus déraisonnable de toutes les chimères, que d'attendre de leur part une telle combinaison. Mais ce qui est plus certain, c'est que la passion de la liberté, qui est inséparable de l'homme, qui n'est point dépendante de conditions qu'il oublie, ou qu'il méprise, dort toujours au fond de son cœur ; elle va se réveiller, si vous prononcez son nom ; et comme elle est une, intègre, comme elle n'admet aucune restriction ; ce sera elle qui se fera entendre à l'homme, qui lui fera adopter sa vraie définition préférablement à toute autre ; car cette autre lui seroit étrangère, et celle-ci naît dans son ame, s'y développe, et s'y grave avec toute la force que peut lui prêter la passion : aussi ceux qui parlent de *liberté politique*, et d'obéissance aux loix à un peuple en insurrection, sont-ils regardés comme des fous, ou bien comme des tyrans.

Il est donc de la nature de l'homme vulgaire, c'est-à-dire, du très-grand nombre, de ne point concevoir ce que c'est que la *liberté politique*, et de n'entendre absolument, quand on lui en parlera, que *la liberté naturelle*.

Or,

Or, je n'ai pas besoin d'aller me jetter avec une pierre au cou dans la Seine, pour apprendre qu'en pareil cas on doit se noyer. Je sais de même, qu'en enflammant un peuple pour la liberté, je vais le renverser, le faire passer de l'anarchie la plus déplorable, au despotisme le plus absolu; et je sais cela par l'expérience de tous les siècles (1). Si l'on vouloit m'objecter l'exemple de l'Angleterre, on ne se rappelleroit donc pas Cromwel. Isocrate disoit à Philippe, Roi de Macédoine : « Si vous voulez triompher » aisément de l'Asie, semez-y le mot » de *liberté* ; c'est lui qui a détruit

---

(1) *Videamus quisnam tyrannidis sit modus ? principio quod ex populari oritur, fermè est perspicuum...... ac summatim excessus omnis verti penitùs in contrarium consuevit, in temporibus, in arboribus, in animalibus, et in rebuspub. maximè. Nimia enim libertas haud in aliud videtur quàm nimiam in servitutem converti, et privatìm et publicè.* Plat. Rep. Liv. VIII.

» notre République, et celle des La-
» cédémoniens (1) ».

Au lieu qu'en parlant aux peuples de *sûreté*, de *justice*, de *franchise*, je ne les exalterai point ; je ne courrai jamais les risques de réveiller en eux de passions destructives, et je ne les induirai point en erreur.

Ont-ils su tout cela, ceux qui ont provoqué la dissolution de la société ? ceux qui, dans tous les temps, ont armé les frères contre les frères, sous le prétexte du plus cher de leurs intérêts, qui avoit l'air d'être compromis au moyen d'une équivoque ?

S'ils ont connu l'homme, s'ils ont vraiment été assez grands politiques pour se saisir du gouvernail de l'état, ils ont dû le savoir ; et dans ce cas, combien ils sont coupables !

---

(1) *Isocr. in orat. ad Philip.*

Mais s'ils n'ont pas connu les hommes, pourquoi donc se sont-ils hasardés à les conduire ? L'ignorance est un crime quand il s'agit du salut de la patrie. Le ridicule et l'opprobre sont trop peu, pour venger tout le sang qu'ils ont fait verser.

Ces perturbateurs des nations n'ont pour eux qu'une seule raison spécieuse : comment, vous diront-ils, tirer un peuple de dessous le joug du despotisme, comment l'affranchir, sans l'exalter, et lui faire outre-passer toutes bornes ? Mais ce peuple, dégagé de ses premiers liens, qui en auroit pris de plus doux à la place de ceux-là, si on les lui eût alors offerts ; à présent qu'il est délivré de tous liens, voudra-t-il en recevoir de nouveaux, si doux qu'ils soient ? Garantirez-vous sur votre tête, que la société ne tombera pas dans l'inévitable destruction qui l'attend pendant l'interrègne des anciennes loix et des nouvelles ? C'est votre tête cependant qui devroit en répondre ; et ce seroit encore trop peu. Je sais quel est le défaut de stabilité de tous nos corps politiques (1), je sais que tôt ou tard la tyrannie d'un seul, ou de tous, parviendra à les dissoudre ; mais celui qui a hâté, ou dévancé d'un seul jour l'instant fatal, en est-il moins coupable ? Ne serois-je plus un meurtrier digne de tous les supplices, parce que je n'aurois tué un homme que la veille du jour marqué pour sa mort naturelle ?

Quand sera-t-il donc permis de parler liberté aux hommes ? Dans le seul cas, où l'on vivroit au milieu d'une société de philosophes.

―――――――――――

(1) *Urbes constituit œtas, hora dissolvit ; momento fit cinis, diu silva.* Senec. Nat. 17.

CHAPITRE V.

Dissolution de la société.

J'ai souvent parlé jusqu'ici de la dissolution de la société, et je n'ai pas toujours entendu par ce mot, un déchirement douloureux et visible, qui éloigne les uns des autres tous les membres de la société. Quand on dit que le corps politique est dissous, il ne faut pas s'imaginer que ce soit l'état de destruction générale, où chacun ayant brûlé son habitation, retourneroit dans les bois, pour y reprendre l'état de nature.

Le pacte social étant la base de l'association, dès que l'on déroge impunément à l'un des deux articles de ce pacte, on peut regarder l'association comme rompue : un tyran, sous lequel la vie et les biens ne sont plus en sûreté, ou le recouvrement universel de la liberté, violent également le pacte fondamental, et amènent ce qu'il faut appeller la dissolution de la société.

En effet, lorsque vous voyez un despote s'élever, ou lorsque chaque citoyen commence à mépriser les loix, à les éluder et les transgresser, alors vous pouvez prédire, sans craindre de vous tromper, que bientôt cette société sera dissoute, et que ce ne sera plus qu'un troupeau d'esclaves ou de bêtes féroces. Le sort des choses humaines est de se précipiter sans retour vers leur chûte, dès qu'elles commencent à décliner (1).

---

(1) *Ea est enim rerum natura, ut ubi femel in præceps ire cœperint, nusquàm antè consistant, quàm ad interitum labantur.* Buch. de jure regni.

CHAPITRE VI.

Crimes et passions.

Toute action qui viole les loix sociales, est un crime.

Le crime qui attaque la sûreté et les droits de tous, qui blesse formellement un des articles du pacte, et en provoque par ce moyen la destruction, est le plus grand de ceux qu'un homme puisse commettre.

Ainsi en jettant les yeux sur les deux articles du pacte social, nous verrons que les deux plus grands crimes sont :

Premièrement, de compromettre la sûreté générale, en engageant tous les membres particuliers d'un peuple à reprendre chacun l'exercice de leur liberté.

Secondement, d'établir des ordres arbitraires et la tyrannie. Ainsi la *licence* et la *tyrannie* sont deux crimes qui, quoiqu'opposés, sont également funestes, et auxquels la société doit destiner les mêmes peines.

Mais si le crime ne blesse que la sûreté particulière d'un ou de quelques citoyens, alors il est beaucoup moins grave, et mérite moins l'animadversion des loix.

Le crime est la violation de la loi; et la loi est la digue élevée contre les passions particulières. Donc quand elle est violée c'est par les passions; donc ce sont les passions qui produisent les crimes.

La mesure prohibitive des loix doit donc être de contenir efficacement les passions particulières.

Le premier vœu des hommes en société étant leur sûreté; et l'état dans lequel cette sûreté est le mieux maintenue, étant celui de paix et d'ordre public ; c'est donc à la paix et à l'ordre que doivent tendre les loix, dans leurs mesures actives (1). Mon dessein n'étant point de parler des rapports extérieurs d'une société, je n'envisagerai que les moyens d'assurer sa paix intérieure, c'est-à-dire, l'ordre public.

---

(1) « Celui à qui Dieu a donné la charge et
» le soin de l'essaim raisonnable et civil des
» hommes, jugera celui heureux, qui sera le plus
» paisible ». *Plut. Moral.*

CHAPITRE VII.

Vices et vertus.

Toutes nos affections vives et constantes sont des passions ; et quand j'ai dirigé sur elles la surveillance des loix, il est clair que c'est sur celles-là seulement qui troubleroient l'ordre public, et porteroient atteinte à la sûreté des citoyens. Je n'ai garde de proscrire celles qui concourent par leurs effets à l'exécution des loix ; au contraire, je veux les protéger, les encourager, les exciter et les faire naître de toutes parts.

Sans prétendre entrer dans aucune discussion théologique ni métaphysique, je dirai en général, que toutes les passions qui concourent au bien de la société, sont des *vertus sociales*; et que celles qui tendent à la blesser, sont des *vices*. C'est à désigner ces dernières que l'on restreint souvent le mot de passions, et c'est dans ce sens que l'on regarde comme synonimes, vicieux et passionné (1).

Puisque le vice est l'affection qui porte à agir au détriment de la société, et que les loix sont établies pour s'opposer à tout ce qui nuit à la société, je conclus évidemment que le vice et les loix seront toujours en opposition. Il résulte delà que l'homme vicieux sera toujours contraint, et toujours dans un état d'oppression, si les loix sont bonnes et en vigueur.

Et puisque la vertu est la disposition particulière qui rend nos actions profitables à la société ; celles que la vertu nous prescrira seront conformes aux loix, et par conséquent jamais elle

---

(1) L'auteur des *Entretiens de Phocion*, a dit dans ce même sens : « Rien n'est sacré pour les » passions ; guerres, meurtres, trahisons, vio- » lences, injustices, perfidies, lâchetés, voilà leur » cortège.

ne rencontrera les barrières de la loi sur son chemin. Il n'est pas besoin d'ajouter que par la même raison l'homme vertueux ne sera jamais contraint par la loi, puisqu'il sera toujours d'accord avec elle.

Il est donc de la dernière évidence, d'après les simples définitions du vice et de la vertu, que plus un homme sera vertueux, plus il sera libre ; et que plus il sera vicieux, plus il sera, ou plus il devra être esclave.

Ainsi les meilleures loix sont celles qui, favorisant la vertu, tiennent le vice en sujétion, et par conséquent les plus mauvaises sont celles qui tendent à rendre libres des hommes corrompus (1).

―――――

(1) Philon a composé un traité qui a pour titre : *Que tout homme de bien est libre*. Il annonce, dès les premiers mots, qu'il en avoit composé un autre sur ce sujet, *que tout homme méchant est esclave*. Ces principes étoient ceux de la secte

CHAPITRE VIII.

Effets de la vertu dans la société.

Ce que nous venons de dire d'un seul, appliquons-le maintenant à la réunion de plusieurs, c'est-à-dire, à la *société*.

Ce mot ne présente à la plupart des hommes qu'une idée fort embrouillée ; ils y voient confusément des

---

Stoïque, qui a fourni tant de grands hommes, et pas un tyran. On retrouve cette doctrine dans les écrits d'Arrian, (*Manuel d'Épictète*) de Cicéron, (*Parad. 5.*) de Sénèque, (*Ep.* 80.) &c. &c...... St. Augustin, dans sa *Cité de Dieu*, (*Liv. IV, ch. 3.*) développe aussi cette vérité. Elle est encore le texte de la septième Satyre du II liv. d'Horace, et de la cinquième de Perse. Ils parlent tous de la paix intérieure de l'honnête homme, et de la tyrannie que les passions exercent sur l'homme corrompu, du bonheur qui accompagne la vertu, et du malheur inséparable du vice. Tout cela n'est pas de mon sujet.

pays, des villes, des campagnes, des ports de mer, &c. L'objet leur paroissant trop vaste pour l'embrasser, ils en détournent bientôt la vue, et conservent de la société l'image d'un tout monstrueux, compliqué, qu'il est difficile de saisir dans toute son étendue. Mais qu'est-ce qui compose la société ? ce ne sont ni les fleuves, ni les bois, ni les maisons : ce sont les hommes ; et qu'est-ce qui dirige les hommes, si ce n'est leurs passions ? Voilà donc où il faut aller chercher la force motrice, et la cause première de tous les évènemens.

Ce ne sont point des codes, des traités, tous ces dehors de la politique qu'il faut d'abord étudier ; c'est le cœur humain, c'est l'homme, l'artisan des codes et des traités. On se rappelle le mot de Thémistocle au sujet de son fils : « cet enfant, disoit-il, est
» le plus puissant des Grecs, car il com-
» mande à sa mère, sa mère à moi,

» moi aux Athéniens, et les Athéniens
» à toute la Grèce ». En conservant ce
ce trait, Plutarque nous a donné une
grande leçon.

Toutes les sciences ont leur charlatanerie. Leurs principes sont au fond très-simples, et très à la portée de tout le monde. On diroit cependant que ceux qui les ont cultivées, n'ont cherché de tous temps qu'à en fermer l'accès à la multitude. Les uns se sont environnés d'une métaphysique et d'une synthèse qui en imposoient aux profanes ; d'autres ont eu recours à un langage barbare, dont ils ont hérissé toutes les avenues de leur science. Le même esprit de petitesse et de jalousie me paroît avoir gagné la politique : on n'en montre que les dehors, on ne découvre que le jeu extérieur des rouages ; si on nous laissoit voir derrière le rideau, nous appercevrions ce qui donne le mouvement à la machine ; et qu'y verrions-nous ? l'homme, ou plutôt ses passions. Étudions donc l'homme ; voilà la vraie politique : il faut savoir celle-là avant de s'embarquer dans tout le détail et le labyrinthe des circonstances particulières, que l'on confond avec elle (1).

Revenons à notre sujet. Supposons pour un moment une nouvelle Utopie, une société toute composée d'hommes

_____

(1) Platon est, à ce qu'il me semble, celui de tous les philosophes qui a envisagé la politique avec le plus de sagacité. Il en a développé tous les ressorts par l'examen des passions. *Audiamus enim Platonem*, dit Cicéron, *quasi quemdam Deum philosophorum*. Voyez sa République, et sur-tout son huitième livre, où il peint la mutation des gouvernemens : cette seule partie de son ouvrage vaut mieux cent fois que tout le mien. Pour ceux qui ne peuvent le lire dans sa langue originale, il y a la version latine de *Marsile Ficin*, moins élégante, mais plus exacte que celle de *Serranus*; et pour ceux qui n'entendent que notre langue, il y a une assez bonne traduction françoise, en deux vol. in-12, de M. *l'Abbé Grou*, ex-jésuite.

simples,

simples, modérés et tempérans : quelques loix simples comme eux, et la justice publique, suffiroient pour garantir la sûreté de chacun.

Les chefs d'une pareille société, vertueux ainsi que tous ses autres membres, ne songeroient pas à abuser de leur autorité ; elle seroit donc à l'abri de la tyrannie, tant de tous, que d'un seul.

La société où règne la vertu, étant à l'abri de ces deux maladies mortelles des corps politiques, seroit donc la plus franche, la plus tranquille et la plus stable que l'on puisse imaginer.

Je sais que ma supposition n'est qu'une chimère (1) ; mais c'est par

---

(1) Voyez la *République* de Platon, *l'Utopie* de Morus, la *Cité du soleil* de Campanella, la *nouvelle Atlantide* de Bacon, et le *Mundus alter et idem* de Hall.

G

cette raison même que la liberté est si chimérique dans la société, et il reste évident que si elle pouvoit paroître au milieu des hommes, elle ne se reposeroit que sur un peuple vertueux.

CHAPITRE IX.

Effets du vice dans la société.

Parmi nos hommes sobres et modérés, introduisons seulement un vice. Pour maintenir la sûreté publique dans ce nouveau cas, il faut ajouter quelques articles sévères au code des loix. Voilà donc de nouvelles entraves aux volontés particulières, et par conséquent on s'éloigne de quelques pas de la liberté. Un second vice nécessitera plus de liens encore, et si j'ouvre la porte à tous les autres, si la corruption est complette, les liens vont se multiplier à l'infini (1). Les seuls hommes vicieux qui soient libres, ce sont les voleurs de grand chemin, tant qu'ils ne sont

---

(1) « Il faut convenir que plus les passions » sont violentes, plus les loix sont nécessaires pour » les contenir. J. J. R. *Disc. sur l'orig. de l'inég.*

point surpris par la maréchaussée. Un peuple vicieux, qui ne seroit pas contenu par des loix, c'est-à-dire, qui voudroit être libre, ne seroit qu'une horde de voleurs et d'assassins.

Il faut donc qu'un peuple corrompu soit resserré par des loix rigoureuses et capables de l'effrayer. Il lui faudroit un Dracon pour législateur (1). Si du moins il étoit possible que les loix fussent exactement observées, la sûreté publique seroit encore maintenue, et si ce peuple pouvoit n'obéir qu'à ces loix, il conserveroit sa franchise ; mais la sûreté et la franchise

---

(1) Dracon, législateur d'Athènes, avant Solon, avoit décerné la peine de mort contre la plus légère infraction aux loix. L'atrocité d'une telle législation est révoltante ; il faut cependant prendre ce parti, ou composer avec la corruption, et n'exiger d'un peuple vicieux, qu'un peu moins de mal, au lieu de plus de bien.

vont recevoir des chocs auxquels elles ne résisteront pas.

D'abord les hommes n'étant plus modérés de leur propre mouvement, ne le seront que par la terreur qu'inspire la loi ; ainsi dès qu'ils pourront se dérober à ses regards, il n'y aura plus de raison qui puisse les empêcher de violer la sûreté d'autrui. Une multitude de coups réitérés frapperont contre la base de l'édifice des loix ; et comme il est de leur nature de s'affoiblir, et de celle des vices de croître en force, nécessairement ces derniers finiront par triompher ; dès-lors plus de sûreté pour chacun, plus de pacte social.

Si, cependant, me dira-t-on, les loix conservoient toute leur énergie et leur force coërcitive, la sureté publique se maintiendroit toujours, cela est vrai ; mais ce qui est vrai aussi, c'est qu'il est de toute impossibilité que les loix restent en vigueur dans un état corrompu. En effet, les interprètes des loix, les dépositaires de tous les pouvoirs seront vicieux aussi. Les uns foibles, rampans devant les richesses, laisseront la loi reculer à l'aspect du crédit, et donneront ainsi lieu au relâchement, à l'anarchie, à la tyrannie de tous ; ou bien ils abuseront de la force qui leur est confiée, ils s'éleveront par l'abrutissement, ou par l'erreur des peuples ; ainsi surviendra la tyrannie d'un monarque ou d'un sénat ; ainsi sera anéantie la franchise.

Chez un peuple vicieux, les grands sont les plus gangrénés, les pauvres après eux, et la probité ne se montre plus par intervalle que dans la classe médiocre, où les biens et les besoins sont assez compensés. Il est tellement impossible qu'un pareil peuple recouvre sa liberté, que ceux qui ten-

tent de la lui rendre, se trouvent, malgré eux-mêmes, bientôt emportés loin de leur but, et sont forcés de devenir les tyrans de ce même peuple, dont ils vouloient d'abord être les libérateurs.

CHAPITRE X.

Résultat des deux chapitres précédens.

Il est aisé de conclure de ce que nous venons de dire, que plus un peuple est vertueux, plus il se rapproche de la liberté; et plus il est vicieux, plus il retombe dans la nécessité de l'esclavage.

Ce résultat est bien différent de celui que tous nos grands politiques du jour tirent de leurs sy êmes en *séparation de pouvoirs*, en *agiotage*, en *commerce*, &c..... Il faut s'attendre à la risée, si l'on ose parler de vertu aux gouvernemens et aux peuples. Leur premier rapport aujourd'hui, c'est l'argent, le plus ou le moins d'impôts. « Les politiques grecs », dit Montesquieu, « qui vivoient dans le gou-
» vernement populaire, ne reconnois-

» soient d'autre force qui pût les
» soutenir que la vertu. Ceux d'au-
» jourd'hui, ne nous parlent que de
» manufactures, de commerce, de
» finances, de richesses et de luxe
» même (1) ». On peut rapprocher
de cette phrase un arrêt de l'auteur
du *contrat social* : « Ce mot de fi-
» nances, dit-il, est un mot d'es-
» claves (2) ».

Rome vertueuse fut affranchie par
l'exil du seul Tarquin ; Rome corrompue ne put l'être par le meurtre
de César, et de cinq autres empereurs.
La Grèce avilie par ses vices, crut
secouer le joug des successeurs
d'Alexandre, et ne fit que passer
sous celui du sénat romain ; l'Angleterre crut avoir recouvré sa liberté, en cessant de ramper sous

---

(1) *Esp. des loix*. Liv. III, ch. 3.
(2) Liv. III, ch. 15.

Charles I; elle rampa sous le protecteur. Qu'on me permette de coudre encore un lambeau de pourpre à mon ouvrage, en rapportant ici une phrase de J. J. Rousseau, dans ses considérations sur le gouvernement de Pologne. « Je ris de ces peuples avilis, » qui se laissant ameuter par des ligueurs, osent parler de liberté, » sans même en avoir l'idée; et le » cœur plein de tous les vices des » esclaves, s'imaginent que pour être » libres, il suffit d'être mutins ».

Cependant je ne prétends point ici faire une homélie, et dans un sermon bien philosophique peindre le vice en traits hideux, et prouver que les seuls vrais plaisirs se trouvent dans l'exercice de la vertu. Si ma raison pouvoit s'élever à cette sublimité, peut-être que mon ame, qui a reçu sa trempe dans la fange du dix-huitième siècle, la démentiroit. Le vice n'a su se rendre que trop aimable, je le sais :

nos petites maîtresses, nos bons soupers, notre luxe, nos plaisirs délicats, les graces de notre libertinage, tout cela a son côté séduisant ; et peut-être si chacun, bien convaincu par mes raisons, se voyoit obligé de faire un choix entre les délices et la liberté, qu'il finiroit par tendre les bras aux chaînes, et dire : *qu'on me ramène aux carrières.*

Je n'envisage donc point le vice et la vertu en moraliste chagrin. Je ne les considère absolument que sous leurs rapports politiques ; je les traite en calculateur ; ensorte que j'ai dit d'abord à l'homme naturel : voyez quelles jouissances vous procure votre liberté ; comparez-les aux avantages de l'état civil, et puis choisissez ; mais si vous vous déterminez pour la société, ne songez plus à être libre. A présent je dis à l'homme civil : pesez bien toutes les voluptés que le vice peut vous procurer ; elles sont en grand nombre ; contrebalancez-les avec une pureté de mœurs, et une sobriété qui éloigneront de vous les tyrans, et qui vous feront vivre en sûreté et franchise ; mais rappellez-vous que de même que la sociabilité entraîne la perte de la liberté naturelle, de même les voluptés entraînent la perte de la liberté politique. A présent choisissez ; et si les plaisirs du vice l'emportent sur les avantages sévères de la vertu, dès-lors vivez tranquilles ; rendez votre esclavage le plus doux possible ; mais ne dirigez plus vers la liberté des efforts qui ne serviront qu'à resserrer vos anciennes chaînes, ou à vous en faire prendre d'autres plus odieuses. Si c'est bien sérieusement que vous voulez vous affranchir, devenez vertueux ; il n'y pas d'autre chemin que celui-là pour y parvenir.

Plus un peuple est vicieux, plus il faut d'autorité au gouvernement pour le contenir, sans quoi il tombe dans l'anarchie. Mais si le gouvernement a tant d'autorité, il en abusera bientôt, et sera despote. Anarchie, ou despotisme, voilà donc le sort d'un peuple qui est gangréné.

Rappellons-nous de l'échelle politique que nous avons imaginée entre la liberté et l'esclavage. Il est évident que le peuple le plus simple, le plus tempérant, ira hardiment se placer au premier degré, tout près de la liberté. Donnez-lui un vice, il descendra d'un pas vers l'esclavage ; laissez-les arriver tous en foule, l'inévitable nécessité le précipitera vers le bas, et il ne cessera d'être agité, que quand il se reposera dans l'asservissement total.

CHAPITRE XI.

Palliatifs inutiles contre la corruption.

Point de vertu, point de sûreté ni de loix ; et point de loix, point de société. Mais au défaut de la vertu, conservatrice des loix, vous allez mettre en œuvre tous les ressorts de votre astucieuse et superficielle politique : vous allez décréter, prohiber, compliquer les réglemens, et poursuivre par-tout les effets, en laissant subsister l'hydre, à qui de nouvelles têtes repousseront sans cesse. Plus vos loix seront multipliées, plus il leur faudra d'interprètes, plus il faudra d'agens à votre administration ; mais vos magistrats, ou bientôt seront nuls, ou ils seront des tyrans. Vous allez, dites-vous, établir des surveillans ; et qui surveillera les surveillans ? Vous allez balancer les pouvoirs ; mais qui maintiendra l'équilibre ? que le cours des affaires d'état, ou des circonstances tumultueuses, mettent une dragme de plus d'un côté que de l'autre, ce qui sera inévitable, dès-lors tout est perdu. Que ferez-vous de loix sans mœurs (1) ? éleverez-vous par-tout des digues ? comment un ouvrage aussi compliqué, attaqué et miné par toutes les passions auxquelles il s'oppose, se soutiendra-t-il, sans crouler de tous côtés par parcelles, et sans être enfin détruit en entier (2) ?

La loi d'ailleurs peut-elle parer à

---

(1) *Quid leges sine moribus*
Vanæ proficiunt ?....
Hor. carm. *Lib. III*, 24.

(2) « Rien ne prouve mieux qu'un état agit sans » principes et sans système, que le grand nombre » de loix dont il accable les citoyens..... Un législateur ignorant veut détruire les effets d'un vice, » mais il en laisse subsister la cause ». *Mably.*

tout ? peut-elle descendre dans le détail des petites actions particulières, où la sûreté, l'honneur, la franchise de chacun sont lézés (1) ? C'est encore la vertu publique qui est destinée à devenir son supplément ; c'est elle, si l'on veut me passer cette expression, qui délivrera aux particuliers la monnoie de ce que le corps social lui doit en gros.

La justice n'est point naturelle aux hommes, je le sais ; toutes les religions qui se sont partagé le globe, nous l'attestent par le soin qu'elles prennent d'offrir des récompenses au juste, et des peines à l'injuste. Si la justice étoit dans le cœur de l'homme,

---

(1) *Quàm angusta innocentia est ad legem bonum esse ! Quantò latius officiorum patet, quam juris regula ! Quàm multa pietas, humanitas, liberalitas, justitia, fides exigunt, quæ omnia extra publicas tabulas sunt !* Sen. de ira. Lib. II, cap. 17.

on n'auroit pas besoin d'un appât pour l'y déterminer, et de la crainte pour l'en rapprocher.

Vous ne maintiendrez donc la sûreté et la franchise pendant quelques courts intervalles, dans une société corrompue, qu'au moyen d'une multitude de loix compliquées, avec l'appareil des tourmens d'un côté, et les émeutes, les insurrections de l'autre, pour effrayer les tyrans. Quand Salluste a dit qu'une liberté périlleuse valoit mieux qu'un esclavage tranquille, Salluste a eu raison (1). Mais une liberté paisible vaudroit encore mieux; et les seules mœurs publiques peuvent la donner : sans elles, vous aurez souvent périls sans liberté, ce qui est le pire de tous les maux.

J'avoue ingénument que je crains un pays où l'on excelle dans la mé-

---

(1) Hift. fragm.

decine ; c'est une preuve qu'il y règne beaucoup de maladies. Ainsi lorsqu'on me vante les *Jurys*, les *Warants*, les *Veredicts*, &c.... Je me défie beaucoup d'une société où ces belles précautions sont si nécessaires. J'aime mieux un pays, où la tempérance est le seul médecin connu, et où la justice a son temple dans le cœur de tous les habitans : j'y jouis mieux de la santé et de la sûreté, qu'au milieu de toutes les pharmacies, et de tous les Jurys du monde (1).

---

(1) Admirons la sagesse de la jurisprudence criminelle Angloise ; mais ne faisons pas consister en elle la sûreté et la franchise d'un état : Il y a peu de citoyens qui soient un jour dans le cas d'être pendus, et qu'est-ce que toute cette belle législation fait aux autres ? Il arrive d'ailleurs bien rarement que des juges aient un intérêt bien pressant à faire périr un accusé. Il suffit donc de prendre de très grandes précautions contre la surprise, contre les fausses accusations ; mais il ne faut pas croire que la sûreté individuelle de quelques accusés, soit la sûreté publique.

Toute loi qui ne va pas droit au but, c'est-à-dire, qui proscrit seulement les effets du vice, sans l'attaquer radicalement, est donc une loi de peu de valeur, et un signe de médiocrité dans le législateur qui l'a conçue. La vertu est le seul appui solide des loix. Le principe de toute bonne constitution est donc la vertu ; et par conséquent celle qui aura un autre principe, sera une mauvaise constitution (1).

---

(1) L'auteur de l'*Esprit des loix* a établi, (*Liv. III.*) que la *vertu* étoit le principe de l'état populaire, et l'*honneur* celui de l'état monarchique. Mais ce grand homme a seulement voulu dire que la vertu étoit plus nécessaire à la démocratie pour la maintenir, comme étant le moins stable de tous les gouvernemens. Il a été bien loin de penser que la *vertu* ne fut pas nécessaire aux autres ; car qu'est-ce que l'*honneur* dont il parle, sinon la vertu en habit de guerre ?

CHAPITRE XII.

Source du vice et de la vertu.

Si la vertu publique est le plus ferme garant de la sûreté, si elle doit être l'objet de l'attention d'un bon législateur, sachons donc où il doit la chercher; car avant d'affranchir un peuple, il faut le rendre digne de recevoir la franchise.

Les uns ont placé la source de la vertu dans la justice, d'autres dans le respect pour la religion, d'autres dans l'humanité, et d'autres enfin dans l'amour de la patrie. Toutes ces choses sont des vertus, mais ne sont pas la source des autres vertus.

Les vertus sociales sont celles de nos affections qui nous portent à nous conformer aux loix; et le but des loix n'est que de contenir et réprimer les passions particulières. Nous serons donc vertueux quand nous n'aurons point de passions contraires aux loix, ou que nous saurons les contraindre : et quelle est la disposition qui nous rend maîtres de nos passions, et qui arrête ce qu'elles pourroient avoir de funeste ? C'est la *tempérance*.

Je définis donc la *tempérance*, une certaine modération dans tous nos desirs, qui nous permet de mettre à nos passions un frein qui les retienne, et qui les empêche d'aller se heurter contre les limites que la loi a posées.

Puisque la tempérance est la source des vertus, l'intempérance est la source des vices.

Tempérance, modération, sobriété, choses sans lesquelles il n'existe point de justice ni de franchise dans la société. Quand Lycurgue donna à Lacédémone corrompue, des loix capables de la régénérer, il ne s'amusa point à séparer par des bornes illusoires le pouvoir législatif de l'exécutif; il avoit bien trop de génie pour cela. Il alla droit à la racine de tout bon gouvernement ; il amena ses Spartiates dans des salles communes, où il les obligea de prendre, sous la peine ingénieuse du ridicule, une nourriture grossière ; il imprima aux citoyens le respect des vieillards, et le mépris de l'or ; ce qui fit vraiment une révolution.

Il pensoit que c'étoit dans les mœurs qu'il falloit en faire une. Ses deux Rois, ses Ephores et son Sénat, n'ont pas été pour lui un objet aussi important que ses repas publics, et le bannissement de l'or ; persuadé qu'avec la tempérance, toutes les formes de gouvernemens seroient bonnes, et que sans elle, tous les palliatifs seroient d'une foible valeur.

La vertu des Lacédémoniens ne se démentit pas pendant cinq siècles entiers, tant que les sévères institutions du législateur furent maintenues. Ils craignoient avec raison l'intempérance, et regardoient la sobriété, comme la sauve-garde de leur bonheur. Un Spartiate disoit à un citoyen qui prenoit goût à la bonne chère : » garde-toi d'apporter le trouble dans » la république, en augmentant ton » plat de lentilles ». Et Agésilas répondoit à un étranger surpris de la frugalité des habitans de Lacédémone : « Le fruit que nous tirons de » cette manière de vivre, c'est la » liberté (1) ». Quand Lysandre, vainqueur d'Athènes, voulut corrompre sa patrie, pour en devenir ensuite le tyran, il commença ses hostilités contre elle, en y faisant porter l'or et les riches dépouilles de la flotte ennemie. A l'instant les salles communes de repas sont désertes ; ce n'est

---

(1) Plut. *dits not. des Lacédém.*

plus le brouet noir qui fait les délices des citoyens ; il leur faut des tourtes de Samos, ou des champignons d'Italie ; un général Lacédémonien, Gylippe, se deshonore par une infamie : Sparte elle-même s'avilit par la honteuse paix d'Antalcide ; elle rampe devant Artaxerce, qu'elle avoit fait trembler ; et sans un Roi sobre et ferme, les Spartiates alloient subir le sort de leurs Hilotes.

Les Romains pauvres et tempérans n'avoient point eu de maîtres ; les cuisiniers de l'Asie en suscitèrent chez eux. La loi *Orchia*, qui défendoit le luxe de la table, et prescrivoit le nombre des convives, annonça que bientôt Rome seroit esclave. En effet, Marius et César ne tardèrent pas à paroître.

Tous les grands législateurs, et celui des chrétiens lui-même, ont rendu hommage à cette vérité. Ensorte qu'en adoptant la tournure d'expression du

Lacédémonien, on peut dire aux hommes : la justice, le respect pour les loix, et par conséquent le maintien du corps social, dépendent de votre cuisinier.

Philon, dans le même traité que j'ai cité plus haut (1), fait un tableau fort touchant de la société des Esséens. Leurs institutions aussi sobres, et leur simplicité aussi grande qu'à Lacédémone, ne respiroient cependant point cette rudesse guerrière de Sparte; leurs mœurs ne tendoient qu'à la paix. Du reste, communauté de biens, amour de la vertu, respect des vieillards, tempérance, ils avoient tout ce qui peut assurer à l'homme un état sûr et franc.

Il existe encore aujourd'hui une société formée sur le même modèle, ignorée des hommes corrompus de

---

(1) *Que tout homme de bien est libre.*

notre continent, et héritière de la simplicité patriarchale des Esséens. Elle est cachée au fond des terres de l'Amérique septentrionale, à vingt lieues à peu près de Philadelphie. Ce sont les *Dumplers*. Nourris de quelques végétaux, couverts d'une étoffe grossière, leurs besoins se bornent à cette médiocrité ; c'est le public qui y pourvoit ; tout est en commun ; aucun n'ayant de propriété ne peut blesser personne, ni éprouver de lésion de la part d'autrui. Le premier qui aura la coupable pensée d'aller éveiller chez ces hommes tempérans des passions qu'ils ignorent, aura à se reprocher l'esclavage où cette démarche finira par les conduire (1).

---

(1) Qu'il seroit triste pour nous de penser que l'or & les vices de nos émigrans, pourront un jour avoir des suites funestes pour les honnêtes Helvétiens, qui leur donnent un asyle !

CHAPITRE XIII.

Signes de corruption.

Voulez-vous reconnoître si un peuple est corrompu ? Sans le voir, examinez le système de ses loix : on n'en fait que pour les crimes que l'on connoît. Solon n'avoit point décerné de peines contre le parricide, n'imaginant pas qu'il pût exister. Plus la législation d'un peuple est belle et compliquée, plus on doit présumer que ses mœurs sont dépravées ; l'épaisseur du volume de son code de loix, est la mesure de sa corruption (1).

Voyez-vous une nation chez qui l'on soit obligé de multiplier les sermens ? concluez-en que cette nation

---

(1) *Nisi pessimis effusissimisque moribus viveretur, profectò opus ferundis legibus non fuisset. Vetus verbum est : Leges bonæ ex malis moribus procreantur.* Macrob. Sat. Lib. III.

n'a plus de bonne foi (1). Les riches y sont-ils honorés, et les pauvres privés du titre de citoyens ? croyez que la cupidité y règne. Les époux, par une criminelle supercherie, éludent-ils le vœu de la nature ? l'adultère y est-il publiquement traité de bagatelle et décoré d'un nom ridicule ? la tempérance en est bannie. Le peuple écoute-t-il avidement quiconque lui persuade le mépris des loix, et repousse-t-il celui qui lui parle de les observer ? la religion et ses ministres y sont-ils un objet de dérision ? les jeunes gens méprisent-ils les anciens, et prennent-ils sans pudeur la préséance sur eux ? la loyauté enfin y devient-elle duperie ? persuadez-vous que la corruption est à son comble ; que dans un pareil état tous les hommes

―――――――――――――――

(1) Lysandre disoit : « on amuse les enfans avec » des osselets, et les hommes avec des sermens ». *Plut. in Lys.*

étant vicieux, le peuple d'un côté, et ceux qui le gouvernent de l'autre, manquant également de vertu, le premier sera asservi, et les seconds deviendront tyrans. Quelque soit leur dénomination, ils seront maîtres, et par conséquent le peuple esclave; cela est plus clair que le jour (1).

---

(1) Un signe évident de la ruine prochaine d'un état, c'est lorsque l'argent en est le soutien; quand, par exemple, cette absurde maxime y passe en axiome : *C'est le pouvoir d'ordonner des impôts, qui constitue la puissance souveraine.* Voyez le compte rendu par M. Necker.

CHAPITRE XIV.

Ce que c'est que régénérer un peuple.

CE mot, emprunté à la religion par la politique, signifioit, dans sa première acception, donner une nouvelle vie, en faisant passer d'un état de corruption à l'état de pureté et d'innocence (1). *Régénérer un peuple*, c'est donc le faire passer, par de sages loix, du vice et du désordre à la tempérance et à la modération. Lycurgue a *régénéré* les Lacédémoniens corrompus, en leur faisant chérir la vertu. Quand le mot *régénérer* ne signifie pas cela, il ne signifie rien.

---

(1) *Salvos nos fecit per lavacrum regenerationis, et renovationis Spiritûs sancti.* Epist. ad Tit. 3. 5.

CHAPITRE XV.

Si un scélérat peut faire de bonnes loix.

Une doctrine, inouie jusqu'à nos jours, et dont quelques circonstances ont peut-être nécessité la prédication, c'est qu'un scélérat, homme d'esprit, étoit fort capable de donner de bonnes loix à un peuple.

Qu'on se rappelle quel est le but des bonnes loix, et je demanderai ensuite, si des institutions qui doivent faire aimer la vertu, peuvent sortir d'une ame qui ignore quels sont les sentiers qui y mènent ? car l'esprit n'apprend point cela ; la vertu seule peut remonter vers sa source.

Si les autorités valoient mieux que la raison, j'en accablerois les partisans d'une telle doctrine. Mais l'erreur est trop ridicule pour avoir besoin d'autres preuves de sa fausseté, qu'elle-même. Ce qui a contribué à l'établir, c'est qu'on prend pour des loix des plans de finances, d'agiotage, de commerce, des réglemens d'administration, &c....... Un homme corrompu, pourvu qu'il ait du génie, peut faire tout cela en le payant bien; mais certes ce n'est pas là ce qu'on appelle des loix régénératives.

Et vous, qui mettez en possibilité l'excellence des loix émanées d'un scélérat, savez-vous ce qui sort de la simple possibilité, et ce qui est de toute certitude ? c'est qu'un peuple corrompu, qui investit de son autorité un homme vicieux, se donne un tyran ; l'asservissement est d'autant plus certain, que cet homme aura plus de génie, et régner le tentera bien autrement que la gloire stérile pour lui de faire de bonnes loix. Si vous le supposez plus sensible à cette sorte de gloire;

ce

ce n'est plus un scélérat. Quelle confiance d'ailleurs peut avoir un peuple dans un homme qu'il méprise ? On sait qu'un jour à Lacédémone, un particulier diffamé et connu par ses mauvaises mœurs, ayant ouvert sur quelque point d'administration un avis salutaire dans une assemblée, les Éphores ne voulurent point que même un bien arrivât à la république par une source aussi corrompue ; ils firent proposer par un citoyen vertueux le même avis, qui passa alors à la pluralité.

Mais où trouver l'homme qui réunisse dans un égal degré de sublimité le génie et la vertu ? Aussi c'est ce qui faisoit dire à un auteur, qu'on ne peut se lasser de citer : « je vois » force faiseurs de loix, et pas un législateur (1) ».

_____

(1) J. J. Rousseau. *Gouv. de Pol.*

I

CHAPITRE XVI.

De quelques causes particulières de sûreté, ou d'esclavage.

La vertu est le garant et la source de la sûreté publique, de même que le vice est son ennemi nécessaire; il est encore quelques circonstances qui favorisent plus ou moins l'un et l'autre.

Par exemple, pour juger quelle sera la sûreté publique d'une société, je mesurerai le cercle de besoins, que l'intérêt personnel de chacun peut parcourir; et si les cercles divers ne font que se toucher légérement, j'en conclurai que chacun vivra assez paisible dans le sien; mais si la population devient nombreuse, si les hommes sont entassés, alors les cercles d'activité empiéteront les uns sur les autres; tout le monde se heurtera;

la confusion, le désordre s'en mêleront, et il n'y aura plus d'autre remède pour ce peuple, que d'obliger chacun à diminuer le cercle de ses besoins, c'est-à-dire, à devenir tempérant, sinon l'on ne peut éviter le despotisme.

La population doit donc être dans un certain rapport avec l'étendue du pays et sa fertilité ; au-delà de ce terme, il n'est plus vrai de dire qu'elle fait la prospérité d'un état ; elle devient la cause de sa ruine. Les particuliers surabondans, ayant peine à vivre, redoublent de soins et d'industrie ; les inventions du luxe surviennent en foule ; nouveaux besoins, nouveaux vices, et par conséquent dissolution prochaine de la société.

Voici une règle invariable : moins vos citoyens auront de besoins, plus ils peuvent se multiplier, et plus ils auront de besoins, moins leur nombre doit s'étendre. La multiplicité des besoins ne peut se combiner avec la multiplicité des individus ; c'est leur complication qui amène souvent les révolutions.

Il y a des hommes à qui il faudroit une contrée toute entière pour y déployer à l'aise leurs passions. Un ancien historien, dont Plutarque aime à rappeller le mot plein de sens, disoit que la Grèce n'eut pu supporter deux Alcibiades (1).

Plus le nombre des hommes sera grand, plus aussi les esprits turbulens, ennemis des loix et de l'ordre, trouveront de disciples. Selon Bodin, « plus il y a d'hommes, moins a » d'effect la vertu, la sagesse, la pru-

―――――

(1) Ce trait est rapporté plusieurs fois dans Plutarque ; il l'applique aussi à Lysandre. *Voyez sa vie.*

» dence..... car toujours le nombre
» des fols, des méchans, des igno-
» rans, est mil fois plus grand que
» celui des gens de bien (1) ».

Une autre cause encore, qui facilite l'établissement de la tyrannie, c'est quand les citoyens, retenus dans leurs atteliers par des travaux, ne peuvent s'instruire à loisir sur un *forum*, des affaires de l'État, et surveiller eux-mêmes le gouvernement, ils seront obligés de s'en rapporter à un petit nombre d'oisifs, qui seront gagnés par le tyran, ou qui le deviendront eux-mêmes ; ce qui sera encore pire. Comment veut-on que le laboureur, le forgeron, le corroyeur, l'homme enfin appliqué à une foule de soins domestiques, qui l'absorbent tout entier, puisse juger des démarches du gouvernement, et savoir quand il faut opposer une sage ré-

---

(1) Républ. Liv. VI.

sistance à ses usurpations (1)? il sera perpétuellement la dupe de ceux qui en lui parlant, auront l'air de s'occuper de ses intérêts. A qui se fiera-t-il ? il ne trouvera autour de lui que de ceux dont parle l'auteur du contrat social dans ces mots : « Tous se diront » désintéressés, et seront frippons ; » tous parleront du bien public, et » ne penseront qu'à eux-mêmes ».

Les Athéniens et les Romains avoient des esclaves ; les Hilotes chez les Lacédémoniens, les Périéciens chez les Crétois, et les Pénestes chez les Thessaliens, débarrassoient leurs maîtres de toutes occupations serviles, et leur donnoient le temps de s'instruire, et de se mêler des affaires publiques, que malgré tout cela ils faisoient sou

---

(1) Voyez l'un des plus beaux ouvrages de morale, que la littérature des anciens Orientaux nous ait fournis : Je veux parler de l'*Ecclésiaste* de Salomon, ch. 38, depuis le ℣. 25, jusqu'à la fin.

vent fort mal. Mais comment veut-on que des artisans soient citoyens (1)? Ils n'ont ni le temps, ni l'envie d'être plus libres qu'ils ne le sont ; procurez-leur des débouchés faciles pour leur commerce, et ne les chargez pas d'impôts, vous comblerez tous leurs desirs. Il faut cependant des mercénaires et des ouvriers dans une société ; et puisqu'ils ne peuvent jouir de tous les droits des citoyens, il faut donc que des esclaves remplissent ces fonctions? Rousseau amené à ce même résultat, s'écrie douloureusement :
» Quoi ! la liberté ne se maintient
» qu'à l'appui de l'esclavage !......
» Peuples modernes, vous n'avez
» point d'esclaves, mais vous l'êtes.
» (2) ».

---

(1) *Neque enim colere virtutem potest is qui vitam sordidorum, ac mercenariorum agat.* Arist. Polit. Liv. III, ch. 3.

(2) Contr. soc. Liv. III, ch. 15.

CHAPITRE XVII.

Liberté d'opinions en matières religieuses.

Toute religion, bonne ou mauvaise, envisagée sous ses rapports politiques, est un des ressorts les plus heureux que les gouvernemens puissent employer pour contenir les vices d'un peuple. Une nation vertueuse, se contenant d'elle-même, pourroit, peut-être, recevoir de son législateur la liberté d'opinions en matières religieuses ; mais chez une nation corrompue, impatiente du frein, la liberté de professer quelle religion l'on voudra, n'est autre chose que la liberté de n'en avoir aucune. Et pourquoi enlever aux hommes une institution bienfaisante, le plus léger de tous les jougs, et souvent la plus douce des consolations ? Il faut à la corruption des remèdes : un enfer, ou des bourreaux. Si l'on affoiblit la sainte terreur de l'un, il faudra redoubler l'horreur dégoûtante des autres. Les plus sages législateurs ont toujours recommandé le respect pour la Divinité, et la stricte observation d'un culte national. Leur exemple et leurs succès doivent à jamais confondre les hérésiarques en législation, qui osent étourdiment s'écarter des sentiers battus par ces grands hommes.

CHAPITRE XVIII.

Liberté de la presse.

Je ne me lasserai point de répéter ce principe si vrai, que la liberté est l'appanage de la seule vertu, et qu'elle n'est faite en aucun genre pour le vice. Accordez à un peuple corrompu la liberté de la presse ; comme il sera en proie à l'envie, à la méchanceté, à la crapule, comme il sera mécontent d'un gouvernement qui n'est pour lui qu'un frein incommode, vous verrez bientôt la calomnie, la débauche, l'esprit de faction, le mécontentement destructeur profiter de cette imprudente liberté. Alors, dites-vous, vous userez de restrictions : sans doute, elles sont nécessaires ; mais, je vous le demande, alors que deviendra votre prétendue liberté ?

CHAPITRE XIX.

Conclusion du second livre.

Nous voilà donc arrivés à un terme où nous condamnons à un esclavage inévitable, sauf quelques légères restrictions, tout peuple corrompu ; et où nous plaçons exclusivement la sûreté et la justice, c'est-à-dire, la liberté politique, au milieu d'un peuple tempérant.

Jettons un coup-d'œil sur la chaîne d'idées qui nous a conduit jusqu'ici, et comptons-en seulement les principaux anneaux. D'abord nous avons envisagé la liberté dans toute son étendue, et nous avons prouvé que sa présence entraînoit la dissolution de la société, et y amenoit bientôt l'esclavage. Nous avons ensuite développé les raisons qui, dans tous les temps, empêcheront la multitude d'apporter aucune restriction au mot de liberté : nous avons, en conséquence, sagement proscrit le mot qui réveille une passion si dangereuse. Nous avons cherché ce qu'il falloit lui substituer, et entendre par l'expression *de liberté politique ;* nous avons reconnu que ce n'étoit autre chose que la *sûreté publique,* et la *justice* également répartie à tous.

Nous avons bientôt établi que la sûreté et la justice ne pouvoient se maintenir que par *l'obéissance aux loix.* Nous avons appellé *vertus sociales,* toutes les affections qui concouroient au même but que les loix, à l'avantage et au bonheur de l'humanité, nous avons défini le *vice,* toute affection qui s'oppose au maintien des loix ; et delà il nous a été facile de tirer cette conclusion incontestable, qu'au milieu d'une société corrompue, les loix continuellement frappées et minées sourdement, cesseront bientôt d'être en vigueur, et que le despotisme, ou l'anarchie, deux maux qui s'engendrent mutuellement, ne manqueront pas d'y survenir.

Il ne nous a pas été plus difficile de tirer encore cette autre conclusion sévère, que la franchise, la sûreté et la justice, ne peuvent régner qu'au milieu de gens modérés, tempérans et justes.

Si, comme nous l'avons démontré, la liberté est une chimère dans l'état civil, il est pourtant vrai qu'à un peuple simple et vertueux, on pourroit rappeller l'amour de la liberté, sans redouter aucunes suites sanglantes. Mais si celui qui est vicieux est nécessairement esclave, soit d'un monarque, soit d'un sénat, que penserons-nous de ceux qui affecteront de rendre la liberté à un peuple corrompu, sans lui rendre la vertu, qui peut seule maintenir la sûreté publique et la franchise ? Nous les avons déjà trouvés criminels au premier chef, devant la société entière : (1) il nous reste maintenant à les déclarer ignorans, ou fourbes : l'alternative est inévitable.

Seroit-ce affliger mes compatriotes, que de leur découvrir la vérité ? Seroit-ce les jetter dans le désespoir, que de leur prouver que pour n'être pas esclaves, il faut être vertueux ? Je n'ose le croire. Mais enfin si cela étoit, ils n'auroient d'autre parti à prendre que de me démentir, et de repousser la vérité. Hommes, qui vous agitez convulsivement pour recouvrer vos droits, commencez par les connoître ; devenez vertueux, et vous les recouvrerez tous. Si vous restez corrompus, il n'y a plus à choisir ; rampez.

---

(1) Au chap. VI de ce livre.

LIVRE TROISIEME.

Nous allons dans ce troisième livre, jetter un coup-d'œil sur les moyens à employer pour maintenir la sûreté et la franchise publique.

CHAPITRE PREMIER.

De la forme du gouvernement en général.

Si devenir vertueux est une extrémité trop dure pour mes contemporains, il faut se résoudre à vivre au milieu des convulsions, des désordres, des guerres civiles, et à passer enfin inévitablement de l'anarchie au despotisme : voilà où les conduira le fautôme de liberté qu'ils poursuivent. Cependant sans déroger à la rigueur des principes, il est possible de les soustraire en quelque sorte aux actes arbitraires d'une volonté toute-puissante et illimitée, s'ils consentent à demeurer dans certaines bornes. Il faut pour cela user habilement des passions, les opposer et les contenir l'une par l'autre. Ce n'est qu'un palliatif, je le sais ; mais quand on ne peut sauver un malade, du moins ne faut-il pas négliger les moyens de prolonger de quelques instans son existence.

Qu'on ne me croie pas la ridicule présomption de donner ici les règles de la politique, et d'expliquer les ressorts qui font mouvoir les états. Je ne conçois pas qu'après Platon, Aristote, Cicéron, et quelques autres anciens ; après Puffendorf, Montesquieu, et plusieurs philosophes modernes,

dernes, on soit tenté d'écrire sur un sujet qu'ils ont approfondi. Espère-t-on dire ce qu'ils n'ont pas dit ? si on les connoissoit, on seroit bientôt guéri de cette prétention. Espère-t-on dire mieux qu'eux, ce qu'ils ont dit ? il faut être pour cela un homme de grand génie, ou un fou ; je ne suis ni l'un, ni l'autre.

Je me contenterai donc de recueillir chez ces grands hommes les principes généraux, desquels je ne m'écarterai point, et de les appliquer à mon sujet.

Il est sur-tout deux extrémités à éviter pour les peuples qui veulent maintenir chez eux la franchise : c'est la tyrannie de tous, et la tyrannie d'un seul (1). Les diverses formes

---

(1) J'aurois pu distinguer la tyrannie du despotisme ; on a vu que je les ai constamment confondus. En effet, la distinction que j'en aurois faite, eut été fort indifférente à mon sujet.

K

de gouvernement penchent, plus ou moins, vers ces deux excès ; démocratie, aristocratie, monarchie, toutes ont un vice radical qui les fera bientôt dégénérer. Ce n'est pas que ces gouvernemens ne soient bons et parfaits de leur nature ; ils ne deviennent vicieux, que parce que les hommes qui s'en servent, sont eux-mêmes vicieux. Chez un peuple simple et tempérant, démocratie, aristocratie, monarchie, tout est bon : chez nous, tout est mauvais. L'arbre le plus bienfaisant, transplanté au milieu d'un bourbier fétide, porte bientôt des fruits avariés. Il faut alors recourir aux greffes, aux palliatifs, aux complications ; remèdes passagers, mais les seuls à mettre en usage, quand on ne veut pas changer la nature du terrein.

Avant de nous occuper des préservatifs de la tyrannie, il convient de fixer nos idées sur le vrai sens de ce mot.

CHAPITRE II.

En quoi consiste la tyrannie, ou le despotisme.

Des loix communes étant établies pour le bonheur de tous, le devoir du magistrat se borne à appliquer la loi générale aux circonstances particulières. C'est ainsi que nous avons défini l'état de sûreté et de franchise, c'est-à-dire, de liberté politique.

Nous avons défini, par opposition, l'état de tyrannie, ou de despotisme, celui où la loi étant nulle, c'étoit une volonté arbitraire qui devenoit l'ordre suprême auquel on étoit contraint d'obéir.

Ainsi le despotisme n'est pas plus dans la monarchie, que dans la démocratie et l'aristocratie ; mais il est également dans tous les trois, quand une simple volonté fait loi dans des cas particuliers (1).

Voici donc la véritable ligne de démarcation de l'état de franchise et du despotisme : est-ce une loi stable et commune qui décide toujours ? Vous êtes francs ; est-ce une volonté arbitraire ? vous vivez sous le despotisme le plus caractérisé.

Ne nous en laissons point imposer par les mots : Un monarque n'est point un despote ; c'est la loi vivante de l'état. S'écarte-t-il de la loi ? alors seulement il est despote. C'est l'arbitraire qui constitue la tyrannie. Dès qu'un peuple, une assemblée, ou un

---

(1) « L'aristocratie et la démocratie ne sont » point des états libres par leur nature ». (*Esp. des loix.* Liv. II). Combien de gens croient cependant le contraire ! Nouvelle preuve de l'empire des mots sur les hommes ; il faut bien peu les connoître pour en douter.

prince se servent ou peuvent se servir de cette formule : *nous voulons ;* quelque soit le nom des tyrans, quelque soit l'erreur des peuples, tout cela ne change rien à la vérité ; la tyrannie existe.

CHAPITRE III.

La Démocratie.

Recherchons maintenant quel est le meilleur gouvernement, ou le palliatif le plus avantageux à un peuple corrompu : commençons par la démocratie.

L'auteur du contrat social déclare nettement qu'il faudroit *un peuple de dieux*, pour qu'il pût se gouverner démocratiquement (1). La chose est au moins outrée : un peuple de dieux n'auroit besoin ni de loix, ni de gouvernement. Contentons-nous de dire qu'il faudroit, pour la démocratie, un peuple vertueux et modéré. Dans ce cas, ne balançons pas à convenir que la démocratie seroit le meilleur de tous les gouvernemens.

---

(1) *Liv. III*, ch. 4.

Chez un peuple vicieux, il est au contraire le pire. Dans combien d'erreurs l'exemple mal-entendu de Rome et d'Athènes ne nous a-t-il pas entraînés ? Thucydide nous a laissé une assez bonne histoire de l'intérieur de cette dernière république ; si elle étoit plus connue, on verroit moins de gens épris de ses apparentes prospérités. Écoutons ce qu'en dit un de nos plus célèbres philosophes ; je ne puis mieux faire que de le laisser parler (1). « L'histoire que nous avons
» d'Athènes, n'est guères propre qu'à
» imposer : elle nous frappe par son
» plus bel endroit...... mais si l'on
» voyoit une histoire...... qui étalât
» avec beaucoup d'étendue le tumulte
» des assemblées, les factions qui di-
» visoient cette ville, les séditions
» qui l'agitoient, les sujets les plus
» illustres persécutés, exilés, punis

---

(1) Bayle, *Dict. Crit.* Art. *Periclès.*

» de mort au gré d'un harangueur
» violent ; on se persuaderoit que ce
» peuple, qui se piquoit tant de li-
» berté, étoit dans le fond l'es-
» clave d'un petit nombre de caba-
» listes, qu'il appelloit *démagogues*,
» et qui le faisoient tourner tantôt
» d'un côté, tantôt de l'autre, selon
» qu'ils changeoient de passions......
» Vous chercheriez en vain dans la
» Macédoine, qui étoit une monar-
» chie, autant d'exemples de tyrannie
» que l'histoire d'Athènes vous en
» présente ».

Un beau discoureur voulant persuader à Lycurgue d'établir le gouvernement populaire à Sparte, il lui
répondit : *commence toi-même par
l'établir dans ta maison*. Plutarque
qui nous a conservé ce trait, dit dans
un autre endroit (1) : « le peuple

---

(1) Vie de *Publicola*.

n'est jamais plus esclave que quand les citoyens pensent avoir le plus de droits ; comme d'être élus juges et administrateurs, donner des voix, expliquer leur avis en public ; car alors il ne fait qu'obéir, sans le savoir, à la clique des riches et des intrigans ».

Un peuple étendu et vicieux a besoin d'un gouvernement resserré, énergique ; et les ressorts du démocratique sont lâches. Il faut aussi, pour les délibérations publiques, beaucoup de gravité, d'ordre et de modération dans les assemblées. Plus un peuple est léger, inconséquent et crédule, moins il est propre à la démocratie. Elle ne conviendra jamais aux François, non pas tant à cause d'un territoire de plus de soixante mille lieues quarrées, qu'à cause qu'ils sont des François. Leur caractère reviendra toujours ; aucune révolution ne peut l'anéantir : tels César nous a peint les

Gaulois, et Tacite les Francs; tels ont été les François du lendemain de la St. Barthélemi, et tels nous serons encore demain. Les mœurs ont bien changé, mais le caractère national n'a éprouvé aucune altération. Imitons tant que nous voudrons les Grecs, les Prussiens, les Anglois, et les Pensylvains; au milieu de toutes nos imitations, nous n'en ressemblerons que plus à nous-mêmes.

Un peuple corrompu doit donc renoncer au gouvernement *des dieux*. S'il s'obstine à l'établir, il aura bientôt des magistrats, qui ayant acheté le peuple en gros dans les élections, le revendront en détail dans l'exercice de leur autorité. Chacun peut dire d'une telle République, ce que Jugurtha disoit de la Rome de son temps : *Urbem venalem, et maturè perituram, si emptorem invenerit* (1) !

―――――――――――――――

(1) « Cité vénale, qui seroit bientôt détruite,

« Quant au bien public, dit Bodin
» (1), il est tout certain qu'il n'y
» a république où il soit plus mal
» gouverné que par le peuple.......
» l'état populaire est établi contre le
» cours et ordre de nature, laquelle
» donne le commandement aux plus
» sages, chose incompatible au peu-
» ple..... Car toujours le nombre des
» fols, des méchans et ignorans,
» est mil fois plus grand que celui
» des gens de bien ».

Le gouvernement du peuple ne manque jamais en effet de dégénérer en gouvernement de la multitude et de la canaille ; c'est ce qu'on appelle *ochlocratie*, le plus détestable de tous les abus de gouvernement.

» si elle trouvoit un marchand qui pût la payer »? *Sall. de Bell. Jug.*

(1) Dans sa *Républ.* Liv. VI.

CHAPITRE IV.

Aristocratie.

Ce mot, suivant la signification des deux racines grecques, dont on l'a jadis composé (χριστος et κρατεια) ne veut dire autre chose, sinon le meilleur gouvernement, ou le gouvernement des meilleurs,

S'il étoit possible chez un peuple corrompu, de confier le gouvernement de la chose publique aux seuls sages qui pourroient encore s'y trouver, il est certain que ce seroit, à bien des égards, la meilleure forme qu'il pût adopter. C'est dans ce sens, que l'auteur du *contrat social* a regardé l'aristocratie élective, comme le meilleur des gouvernemens (1). Mais nous verrons ci-après que rien n'est aussi

---

(1) Liv. III, ch. 5.

difficile que de réduire cette théorie en pratique.

Quand ce ne sont pas de vrais sages qui composent le conseil suprême qui gouverne ; quand c'est la richesse, la naissance, ou la brigue qui donnent entrée, alors le gouvernement prend le nom d'*oligarchique*, qui signifie de peu de personnes, sans désigner si elles sont bonnes ou mauvaises.

CHAPITRE V.

Monarchie.

Plus un peuple est vicieux et étendu, plus la loi a besoin d'énergie, et la force publique d'activité. Ces avantages se trouvent dans le gouvernement monarchique plus que dans aucun autre ; par conséquent il est celui qui convient le mieux à un peuple nombreux et corrompu.

Dans la monarchie, un seul est dépositaire de toute la puissance : c'est de ce foyer qu'émanent les autorités partielles dans l'ordre civil, militaire et judiciaire, que découlent toutes les graces ; et c'est à lui seul que tout va correspondre. Si un gouvernement est autrement constitué, ce n'est point une monarchie, et si on lui donne ce nom, on se trompe grossièrement.

L'autorité ayant une très-grande

force dans les mains de celui qui en est seul dépositaire, il lui devient très-facile d'en abuser ; mais aussi jamais il n'est plus facile de la surveiller, et de s'appercevoir de ses progrès (1). Un peuple n'est pas en garde, d'ordinaire, contre un sénat choisi par lui, comme dans l'aristocratie élective ; il se méfie toujours d'un roi et de ses ministres.

Quand un monarque abuse de son pouvoir, soit en changeant les antiques loix d'une nation, soit en éludant leur exécution, comme, par exemple, en refusant de convoquer les états d'un pays, quand cela est nécessaire, ce monarque est un *despote*.

---

(1) « Comme la mer, qui semble vouloir couvrir toute la terre, est arrêtée par les herbes et les moindres graviers qui se trouvent sur le rivage ; ainsi les monarques, dont le pouvoir paroît sans bornes, s'arrêtent par les plus petits obstacles ». *Esp. des loix*. Liv. II, ch. 4.

C'est ainsi que chez un peuple corrompu, les trois formes simples de gouvernemens deviennent bientôt abusives. Et quelle en est la raison? C'est, je le répète, que les gouvernemens sont des hommes corrompus comme les autres.

CHAPITRE

CHAPITRE VI.

Représentans.

L'INSTITUTION des représentans paroît d'abord fort singulière dans une monarchie : la forme de ce gouvernement en exclut le peuple, et tant qu'elle subsiste sans altération, il ne peut y prendre aucune part. Qu'est-ce donc que ses représentans viennent représenter ?

Il faut bien distinguer entre les différens agens qu'un peuple peut employer. Tout pouvoir émane de lui, cela est certain ; c'est-à-dire, que sans peuple il n'y auroit point de législateur, point de sénat, point de gouvernement : c'est lui qui donne naissance à tout cela. Le roi d'une nation est le dépositaire du pouvoir de cette nation ; mais des représentans sont toute autre chose.

L

Quand un peuple entier devroit se rassembler, on nomme des représentans qui s'assemblent pour lui : ce n'est qu'une affaire d'arrangement, parce que ce peuple est trop considérable pour se réunir avec facilité ; ainsi il faut regarder l'assemblée des représentans d'un peuple comme l'assemblée même de ce peuple.

Supposons donc que le gouvernement soit monarchique ; alors il peut arriver plusieurs choses.

D'abord, comme dans une monarchie, toute l'autorité est déposée entre les mains du monarque, le peuple n'en a aucune, et par conséquent ses représentans ne peuvent en exercer d'aucune espèce.

Mais comme le gouvernement monarchique est un gouvernement paternel, et que sans en changer la forme, le peuple peut porter ses doléances et ses réclamations vers son roi, l'office des représentans est de les faire parvenir jusqu'au trône.

Voilà ce qui arrive quand on maintient la constitution monarchique. Mais si les représentans du peuple délibèrent, agissent, ordonnent, font des actes de souveraineté, il est évident que c'est la même chose que si le peuple en corps délibéroit, agissoit, &c..... Le peuple reprend donc le pouvoir qu'il avoit confié à son roi, pour l'exercer lui-même ; c'est-à-dire, que la forme du gouvernement change ; et c'est la démocratie pure qui remplace la monarchie.

Mais si le corps des représentans (comme il est assez naturel) tout en faisant ces actes d'autorité, vient peu-à-peu à s'isoler, à se regarder comme un corps différent du peuple, à se revêtir de quelques distinctions, à vouloir de son propre mouvement ;

L 2

alors ce n'est plus comme si le peuple étoit assemblé, les représentans ne représentent plus rien ; ils sont eux-mêmes : le gouvernement est changé par ce seul escamotage subtil, qui met la volonté des représentans à la place de celle des représentés ; il est devenu aristocratique, de monarchique qu'il étoit jadis, et de démocratique qu'il étoit la veille (1).

Pour que quelqu'un me représente réellement, il faut qu'il ait la même volonté que moi : s'il en a une autre à laquelle je sois contraint d'obéir, il n'est plus mon représentant ; il est mon maître.

Mais le peuple qui est long-temps à découvrir la différence des choses

―――――

(1) « Car enfin, ce n'est pas pour y dire leur sentiment particulier, mais pour y déclarer les volontés de la nation, qu'elle envoie des nonces à la diète. J. J. Rousseau ». *Gouv. de Pol.*

quand les mots restent les mêmes, ne s'appercevra pas de toutes ces révolutions, à moins que ceux en qui il a confiance, ne l'en avertissent ; et ils se garderont bien de le faire (1).

Si les ci-devant représentans du peuple, qui maintenant ne le repré-

---

(1) Une *révolution* est un changement dans le gouvernement assez considérable, pour qu'on puisse dire qu'il n'est plus le même. Toutes les révolutions ne sont pas sanglantes ; les plus grandes quelquefois sont peu sensibles pour le public : un roi, ou un sénat qui, sourdement et à la longue, abusent de leur autorité, passent en loix leurs ordres arbitraires, font une véritable révolution, puisqu'ils font un véritable changement dans le gouvernement. Une révolution sanglante est un grand crime dans ceux qui l'ont opérée ; voici l'arrêt de J. J. Rousseau sur cette matière : *La liberté d'une Nation seroit trop payée du sang d'un seul homme.* La maxime est un peu outrée, comme presque tous les principes de l'auteur ; mais au moins dévoile-t-elle sa profonde horreur pour toute injustice, et caractérise-t-elle parfaitement son opinion sur les révolutions.

sent plus, mais qui le gouvernent, usent de leur autorité pour l'avantage général, et suivent exactement des loix justes et constantes ; alors on peut bien leur reprocher leur usurpation, mais on ne peut pas leur reprocher leur mauvais gouvernement.

Mais si, au lieu de suivre cette marche, ce sont leurs simples volontés qui deviennent des loix ; si dans les cas particuliers, ils appliquent eux-mêmes la loi, et décident arbitrairement, ils font les actes les plus décidés de la tyrannie et du despotisme ; et ils exercent leur domination avec d'autant plus de violence, qu'elle est appuyée sur l'opinion publique, qui est également puissante quand elle est saine, ou erronée, quoiqu'elle ne soit pas également durable.

Quand on en est à ce point, l'état n'a plus aucune forme légitime de gouvernement : on n'a plus que l'abus de l'aristocratie, c'est-à-dire, qu'on est livré à la tyrannie *oligarchique*.

Voilà en peu de mots tout ce qu'on peut dire sur les *représentans*. Je crois n'être pas présomptueux, mais je porte le défi le plus formel à tous nos raisonneurs extravagans, de faire à ce chapitre une réponse qui ait (non pas de l'esprit) mais du sens commun. Au reste, je vais prendre un second, avec qui je les mettrai aux mains, si je me trouve trop foible ; c'est J. J. Rousseau.

Sitôt que le service public cesse d'être la principale affaire des citoyens, et qu'ils aiment mieux servir de leur bourse que de leur personne, l'état est déjà près de sa ruine. Faut-il marcher au combat ? ils paient des troupes et restent chez eux. Faut-il aller au conseil ? ils nomment des députés et restent chez eux. A force de paresse et d'argent, ils ont enfin des soldats pour servir la patrie, et des représentans pour la vendre.

L'attiédissement de l'amour de la patrie, l'activité de l'intérêt privé, l'immensité des états, les conquêtes, l'abus du gouvernement, ont fait imaginer la voie des députés ou représentans.... La volonté ne se représente point : elle est la même, ou elle est autre ; il n'y a point de milieu. Les députés du peuple ne sont donc, ni ne peuvent être ses représentans..... Le peuple Anglois pense être libre ; il se trompe fort, il ne l'est que durant l'élection des membres du parlement ; sitôt qu'ils sont élus, il est esclave, il n'est rien. Dans les courts momens de sa liberté, l'usage qu'il en fait, mérite bien qu'il la perde.

L'idée des représentans est moderne : elle nous vient du gouvernement féodal, de cet inique et absurde gouvernement dans lequel l'espèce humaine est dégradée, et où le nom d'homme est en deshonneur. (Comme l'auteur s'étend avec complaisance sur la pureté de l'origine des représentans !) *Dans les anciennes républiques, et même dans les monarchies, jamais le peuple n'eut des représentans ; on ne connoissoit pas ce mot là, etc....* *Je dis les raisons pourquoi les peuples modernes, qui se croient libres, ont des représentans, et pourquoi les peuples anciens n'en avoient pas. Quoiqu'il en soit, à l'instant qu'un peuple se donne des représentans, il n'est plus libre ; il n'est plus.*

Voilà comment s'explique J. J. Rousseau dans son *contrat social*, liv. III, chap. 15. Ce texte n'a pas besoin de commentaire (1).

―――――――――――――

(1) Un fait qui doit entrer dans l'histoire de la bizarrerie humaine, c'est qu'une *assemblée de représentans* ait déifié un tel auteur, et lui ait érigé une statue.

CHAPITRE VII.

Gouvernement tempéré.

Puisque l'effet nécessaire de la corruption des hommes, est de corrompre toutes leurs institutions, et que les trois formes simples de gouvernement ne tardent pas à offrir chacune des abus, auxquels il n'y a plus de remède, quand on leur laisse prendre des forces, il faut au moins en reculer, le plus possible, la naissance, et les empêcher de croître quand ils auront trouvé moyen de pénétrer : combattons les passions par d'autres passions ; opposons les intérêts ; évitons cependant les chocs ; mais tâchons de combiner si bien les forces, qu'il en résulte pour le corps politique un équilibre que nous tâcherons de rendre un peu durable par le secours de quelques nouveaux leviers.

J'ai entendu souvent parler de gouvernemens mixtes, sans que jamais j'aie pu m'en faire une idée bien précise. Je ne conçois pas comment les mêmes fonctions peuvent être partagées, ni comment le gouvernement peut être mixte. S'il existoit ainsi, ce seroit là vraiment le plus mauvais de tous. Mais je conçois fort bien comment un gouvernement peut être surveillé, tempéré par des individus, ou par des corps qui ont l'œil sur son administration, mais qui ne s'en mêlent en rien.

Le gouvernement de Pensylvanie, par exemple, est une pure démocratie. Elle délibère, il est vrai, par ses représentans ; mais tous les bills sont soumis à l'examen de la nation, pendant l'intervalle d'une législature à l'autre. Quoique les Pensylvains soient encore dignes de la démocratie, cependant il se pourroit que la constitution de l'État reçût à la longue quelqu'atteinte : pour s'y opposer, un conseil de *censeurs* s'assemble toutes les sept années ; son devoir est d'examiner tout ce qui s'est passé dans le gouvernement depuis la tenue du conseil précédent. S'il se trouve des prévaricateurs, les censeurs ont droit de les punir. Ils indiquent les points dans lesquels on s'est écarté de la loi, et s'il est besoin de la rectifier, ils ordonnent la convocation d'une assemblée générale qu'on revêt, à cet effet, de pouvoirs extraordinaires, et dont l'époque est fixée après la dissolution du conseil censorial, pour éviter l'influence qu'il pourroit avoir.

Une institution pareille, appliquée à une monarchie, et modifiée suivant le besoin, ne pourroit qu'être fort salutaire. Mais il faudroit sur-tout parer à ce que jamais les censeurs ne fussent revêtus d'aucune autre autorité que de celle d'indiquer les prévarications : c'est trop même que de pouvoir les punir ; les tribunaux ordinaires suffisent pour juger ceux qui seroient accusés.

Un seul corps de cette nature ne suffit pas : dans un grand État surtout, il est nécessaire de les multiplier jusqu'à un certain point. Il faut aussi que chacun soit assez nombreux pour n'être pas gagné facilement, et pas assez pour être tumultueux et livré aux passions. On trouvoit mauvais, dans les derniers temps de la république, que le sénat romain ait mille et quelques sénateurs (1). Des corps respectables par l'opinion, et qui, par leur nature, ne peuvent usurper les fonctions du gouvernement, forment un excellent contrepoids à l'autorité monarchique. S'il n'existoit qu'un de ces corps, on pourroit l'intimider ou le gagner : plusieurs

---

(1) *Senatorum affluens numerus, deformis et incondita turba ; erant enim super mille, et quidam indignissimi.* Suet. in Aug.

répandus sur la surface de l'état, et indépendans les uns des autres, ne seroient pas contraints ni séduits aussi facilement. Qu'on jette les yeux sur l'histoire de nos parlemens, il n'y a que l'ignorance qui ose ne pas rougir des obligations que nous leur avons.

C'est ici qu'il n'est plus permis de prendre pour modèles Sparte, Athènes ni Rome. Ces cités souveraines n'ont plus sous ce nouvel aspect, aucun rapport avec nos vastes et uniformes états. Je me suis prescrit d'ailleurs de n'indiquer ici que des principes généraux, et les vues suivant lesquelles les établissemens doivent être fondés.

Mais de toutes les manières de tempérer une monarchie, la plus vicieuse, la plus marquée du sceau de l'anarchie, c'est de mettre en présence deux pouvoirs, jaloux par essence l'un de l'autre, séparés par des bornes métaphysiques, et si idéales que leur véritable emplacement est un perpétuel sujet de discussions. J'espère démontrer que la distinction de ces pouvoirs est une pure chimère. En attendant, il est visible que chacun faisant effort de son côté, l'équilibre ne peut subsister un instant que par le hasard le plus incalculable. Un des deux finira toujours par l'emporter ; une guerre, une sédition, moins encore, et bientôt le gouvernement change : le vainqueur se dédommagera par la tyrannie de la gêne qu'on lui aura fait essuyer ; et qui souffrira de cette victoire ? celui qui aura déja souffert de la lutte qui l'aura précédée, le peuple (1).

---

(1) « Je ne puis qu'admirer la négligence, l'incurie, » et j'ose dire, la stupidité de la nation Angloise, » qui, après avoir armé ses députés de la suprême » puissance, n'y ajoute aucun frein pour régler » l'usage qu'ils en pourront faire », *J. J. Rousseau. Gouv. de Pol.*

CHAPITRE VIII.

Des Loix.

Il est souvent fâcheux que les règles de la dialectique s'opposent au cours naturel des idées, qu'elles semblent cependant devoir favoriser. Depuis long-temps nous parlons de loix, et nous allons seulement nous occuper de leur définition et de leur confection. Mais l'idée générale que chacun peut en avoir, suffisoit pour entendre tout ce qui précède, au lieu qu'il falloit savoir tout ce qui précède pour m'entendre maintenant.

Les loix sont instituées en conséquence du pacte social, pour remplir l'engagement de la société envers chacun de ses membres : elles doivent faire aimer la justice, l'ordre public, et punir ceux qui le troublent. Une de leurs qualités les plus essentielles,

c'est

c'est d'être générales, de ne porter sur aucun en particulier, de ne connoître aucune distinction, de prononcer d'une manière précise une règle pour tous les cas d'une même espèce, et de ne jamais spécifier nommément ; car alors la loi se déterminant pour tel sujet en particulier, manifesteroit une prévention qui nuiroit à sa justice.

L'auteur de la *Cité de Dieu*, qui étoit saint, et de plus grand philosophe, veut qu'on refuse le nom de loi à tout réglement injuste (1). La loi est donc un réglement juste, qui ne désigne rien qu'en général : ainsi dès qu'un réglement porte sur un fait particulier, nomme une personne ou une chose ; quand, par exemple, il ordonne la punition d'un délit, ou qu'il détermine une somme pour être

---

(1) S. Aug. *De lib. arbit.*

employée à tel objet fixé, ce n'est point une loi, c'est un acte de pur gouvernement; et s'il est la suite d'une loi établie précédemment, il est légitime; sinon, c'est un acte de tyrannie.

CHAPITRE IX.

Examen d'un principe attribué à J. J. Rousseau.

Dans l'un des ouvrages dont le génie du dix-huitième siècle puisse le plus s'honorer, on trouve ce principe : que *la loi est un acte de la volonté générale* (1).

Ce principe, attribué à l'auteur du *contrat social*, a déjà été avancé et développé dans quelques ouvrages antérieurs, et notamment dans les écrits

---

(1) On observera bien que Rousseau a dit *un acte* de la volonté générale, et non pas *l'expression* de la volonté générale, ce qui induit encore en d'étranges erreurs ; car on en a conclu que ceux qui étoient chargés de *l'exprimer*, étoient par là revêtus du pouvoir de faire des loix ; conclusion qui, dans les principes mêmes de l'auteur, est d'une fausseté évidente, comme on peut le voir dans les fragmens que j'en ai rapportés au chap. VI de ce livre.

d'Etienne de la Boëtie, sur-tout dans l'*Anténoticon* (1), et dans le dialogue, *De jure regni*, de Georges Buchanan (2) : ces deux ouvrages nés au milieu des guerres civiles et des attentats, l'un de la Ligue et l'autre de l'Écosse, ont le ton et les principes qui conviennent à des gens outrés dans un parti (3).

C'est donc à tort qu'on attribue ce principe à l'auteur du *contrat social* (4);

---

(1) *Anténoticon*, ou *Contre-un*, *Discours de la servitude volontaire*, dans les mémoires de Charles IX, imprimés à Mildelbourg, en 1578.

(2) *Des droits de la souveraineté*. Voyez les œuvres de Buchanan, II vol. in-fol. 1715. Cet ouvrage est bien écrit, et se fait lire avec plaisir.

(3) On peut encore voir à ce sujet quelques passages du fameux livre de Hubert Languet, sous le nom de *Junius Brutus*, intitulé : *Vindiciæ contrà tyrannos, sive de principis in populum, populique in principem legitimâ potestate*.

(4) J'aurois aimé de voir J. J. Rousseau indiquer

ma sans nous occuper plus longtemps des honneurs de son invention, examinons-le en lui-même, et faisons-le passer à la pierre de touche.

Ce principe suppose deux choses : premièrement, que la volonté générale est toujours dirigée vers le bien ; et en second lieu, que toute volonté générale est une loi : et ces deux points sont évidemment faux.

Sachons d'abord ce que c'est que la *volonté générale*. L'auteur commence par nous dire, qu'il faut bien se garder de croire que ce soit la volonté de tous ; *car*, dit-il (2), *celle-ci regarde*

---

les sources où il avoit puisé ; leur autorité en politique franche et impartiale n'eut pas été, il est vrai, d'un grand poids ; mais cela eût toujours mieux valu que de citer quelques passages de Grotius, en le défigurant, pour avoir le plaisir de le dénigrer. J. J. étoit assez grand pour rendre à chacun ce qui lui appartenoit.

(2) *Contr. social. Liv. II, ch. 3.*

à l'intérêt privé ; mais la volonté générale regarde à l'intérêt commun. Or, qu'est-ce que l'intérêt commun, si ce n'est la combinaison de tous les intérêts privés ? La volonté générale regarde donc aussi à l'intérêt privé, et par conséquent elle est bien exactement la même que la volonté de tous.

Suivent en explication deux lignes inintelligibles, que voici : *Mais ôtés de ces mêmes volontés* (particulières) *les plus et les moins qui s'entre-détruisent, reste pour somme des différences la volonté générale.*

Il eut au moins fallu conclure pour l'exactitude, *reste une somme de différences, qui est la volonté générale* : et encore n'aurois-je pas mieux compris de cette manière que de l'autre.

Car enfin, voici à quoi mène ce résultat, en l'appliquant aux circonstances : les opinions sont divisées en trois partis différens ; deux sont absolument opposés, ainsi ils s'entre-détruisent ; ce sera donc la troisième opinion (laquelle est peut-être la pire) qui sera la volonté générale ! C'est comme si l'on disoit que deux hommes d'avis opposés, discutant avec un avantage égal, si un troisième survient, celui-là a nécessairement raison, parce que détruisant l'une par l'autre, les deux opinions contraires, cette troisième en est la différence.

J'aime presque mieux croire que je n'entends pas Rousseau, que de croire qu'il ait ainsi raisonné.

Mais cependant si cette volonté générale doit faire la loi, elle s'expliquera, et fera la loi elle-même ; car je me rappelle très-bien que l'auteur dit : *la volonté générale ne se représente point* (1). Et en conséquence, je

---

(1) Contr. soc. Liv. III, ch. 15.

serai en droit de lui demander pourquoi dans ce même ouvrage, il fait un chapitre exprès *du législateur (1)*, où il s'étend sur l'attention qu'on doit apporter à faire des loix, et où il dit ces paroles remarquables : *pour découvrir les meilleures règles de société qui conviennent aux hommes , il faudroit une intelligence supérieure qui vît toutes les passions humaines, et qui n'en éprouvât aucune..... Il faudroit des Dieux pour donner des loix aux hommes..... S'il est vrai qu'un grand prince est un homme rare , que sera-ce d'un grand législateur ? Le premier n'a qu'à suivre le modèle que l'autre doit proposer.*

Tout-à-l'heure c'étoit la volonté générale qui étoit en possession de faire seule la loi, mais à présent il faut pour cela une *intelligence supérieure ;* et c'est de plus le législateur qui doit

---

(1) Contr. soc. Liv. II, chap. 7.

proposer les loix. Voilà la volonté générale bien dépouillée de ses prérogatives.

J'aimois mieux croire, un peu plus haut, que je ne comprenois pas J. J., que de croire qu'il avoit pu mal raisonner. Maintenant j'aime mieux me persuader que personne ne l'a entendu, que d'imaginer qu'il se soit contredit aussi formellement ; ou bien il faudra avouer que le *bon Homère* a dormi, et qu'il a fait un mauvais rêve.

Mais comment supposer qu'un si grand homme ait pu avancer une maxime aussi étrange que celle qui rendroit souveraine maîtresse des peuples, et arbitre de la justice, une volonté aveugle qui ne se meut que par impulsion ; que l'on peut égarer pour peu qu'on sache se parer d'un zèle affecté, et qui (comme il le dit ailleurs) veut toujours son bien, *mais ne le voit pas toujours ?* Heureusement qu'il dément souvent lui-même ceux qui auroient pu interpréter ainsi ses expressions, et sur-tout dans le chapitre que je viens de citer, *du législateur.*

Platon comparant les différentes parties qui composent sa république avec celles qui composent l'homme, compare avec beaucoup de raison le peuple aux passions (1). Montaigne dit, *que c'est une bête toute sellée et bridée que chacun monte à son tour* (2). Qu'est-ce en effet qu'un peuple, et un peuple corrompu ? un mélange

---

(1) *Rép.* Lib. IV. Voici comment ce philosophe s'exprime sur le peuple dans son *Axiocus : le peuple*, dit-il, *est extravagant, ingrat, cruel, envieux et ignorant.*

(2) « J'ai vu de mon temps, dit-il ailleurs, » merveilles en l'indiscrette et merveilleuse facilité » des peuples à se laisser mener, et manier la » créance et l'espérance, où il a pleu et servy à » leurs chefs ». *Essais. Liv. III.*

confus de toutes sortes d'âges et de professions, conduit par des préjugés et des passions, sur-tout par l'avarice et l'envie ? Comment ses décisions seroient-elles conformes à la vérité, ou plutôt comment ne seroient-elles pas monstrueuses ? De là vient que les sages de tous les temps n'ont pas hésité à préférer leur jugement particulier à celui du grand nombre, et que les plus modérés l'ont accusé d'extravagance et de fureur (1). *Demander conseil au peuple*, dit Bodin, *n'est autre chose que demander sagesse aux furieux*. A son jugement joignons celui de Cicéron, que sans doute on ne récusera pas dans cette cause, lui que le peuple Romain a nommé son père : « Si telle est (dit-il, en parlant de ce peuple) la puissance des
» décisions d'un grand nombre d'in-

―――――――――――――

(1) Voyez le I. vol. *des Erreurs populaires* du Docteur T. Brown.

» sensés, que la nature des choses
» soit changée par leurs simples suf-
» frages, pourquoi n'éprouvent-ils pas
» de funestes effets de ce qui est bon
» et salutaire ; ou pourquoi, puis-
» qu'une loi pareille peut faire passer
» l'injustice en droit, ne peuvent-ils
» parvenir à faire résulter un bien de
» ce qui, dans le fond, est mau-
» vais (1) » ?

Est-ce donc à ce peuple, qui n'est pas en état de décider sainement sur le plus léger point d'administration, que nous laisserons le soin de bâtir l'édifice de nos loix (2) ? lui qui a

---

(1) *Quæ si tanta potentia est stultorum sententiis ac jussis, ut eorum suffragiis rerum natura vertatur ; cur non sentiunt, ut quæ mala perniciosaque sunt habeantur pro bonis et salutaribus? Aut cur, cùm jus ex injurid lex facere possit, bonum eòdem facere non possit ex malo ? De Legib.*

(2) « Le peuple ne raisonne point. Naturelle-
» ment porté par son ignorance à donner son admi-

exilé Aristide, qui, contre l'avis de Socrate, a fait indignement périr les dix héros vainqueurs au combat des Arginuses? qui a préparé la ruine de sa patrie en décrétant la guerre de Sicile, malgré le sage Nicias? ou bien celui qui a banni Camille et Scipion, qui a refusé la préture et le consulat au plus vertueux des hommes, à Caton? ou celui dont Marcel fut l'idole? ou enfin celui qui a applaudi au meurtre de son roi, et au triomphe de Cromwel? Est-ce donc la volonté d'une telle bête féroce que nous prendrons pour loi, et la préférerons-nous à celle de Socrate, de Nicias et de Caton?

Si l'on avoit à choisir pour sa demeure entre deux états, dont l'un fût

---

» ration à ce qui flatte son imprudence, son or-
» gueil, son avarice, sa jalousie, etc..... Il con-
» fondra toujours le bizarre et l'extraordinaire avec
» ce qui est véritablement sage. *Mably.*

soumis aux loix de la volonté générale, et l'autre aux loix qu'un sage législateur auroit dictées, en faveur duquel se décideroit-on ? Je m'en rapporte à tout homme sincère et de bon sens.

L'erreur vient de ce qu'on a raisonné du droit au fait. On a dit : la loi est faite pour l'avantage général ; or la volonté générale ne doit être dirigée que vers cet avantage ; donc elle fait la loi. Quand Rousseau a calculé ainsi, il avoit apparemment présente à l'esprit sa république *de dieux*. Sans doute, si la volonté générale étoit saine, elle seroit digne de devenir loi. Mais comment Rousseau donne-t-il d'un côté à un peuple le droit de faire lui-même ses loix, tandis qu'il lui interdit ailleurs (1) celui de se gouverner lui-même, quoi-

_____

(1) *Contr. soc. Liv. III*, *ch. 4*, à la dernière phrase.

qu'il prétende que cette dernière fonction est beaucoup moins difficile que la première (1) ? Je n'entends rien, je l'avoue, à toutes ces contradictions.

Bien loin que la volonté générale puisse faire loi, elle ne peut seulement déterminer quelle est la forme de gouvernement la plus convenable à l'état ; il faudroit pour cela qu'elle eût pour base des connoissances qui ne sont pas dans le grand nombre ; et c'est là cependant l'acte le plus évident et le plus simple de la législation. Quand Lycurgue établit ses loix sublimes à Lacédémone, consulta-t-il la volonté générale ? non, certes : il voyagea pendant long-temps chez les peuples les mieux policés, il recueillit de leurs institutions, en Crète sur-tout, ce qui pouvoit convenir à son plan ; et de

---

(1) *Contr. soc.* Liv. II, ch. 7.

retour dans sa patrie, il le communiqua à trente des principaux citoyens, à l'aide desquels il le mit à exécution.

Qu'on me nomme cependant un seul peuple chez lequel la volonté générale ait fait de sages loix. Que l'on se garde bien sur-tout de me citer ceux qui passent pour en avoir fait en commun : je sais que certains législateurs modernes ont gardé l'anonyme, mais je ne fais pas pour cela hommage de leur travail à toute la nation ; au lieu que tous les actes d'ineptie et de démence, qui ont ruiné les républiques d'Athènes, de Syracuse, de Rome et de Florence, ont été constamment des actes de la volonté générale (1).

―――――――――――

(1) Le discours de Cicéron *pro Murenâ*, renferme une critique bien juste des assemblées du peuple Romain ; il compare sa versatilité à la fluctuation desordonnée de *l'Euripe*.

Si l'on prétend que l'opinion publique s'éclaire à la longue par celle des sages, en ce cas il n'y a qu'à laisser agir ceux qui l'éclairent, sans exposer leurs bons avis à l'épreuve douteuse du caprice et de l'ignorance de la multitude. Phocion s'appercevant un jour que tout le peuple applaudissoit un certain endroit de sa harangue, s'arrêta tout étonné, croyant qu'il lui étoit échappé quelque sottise (1). Il est à remarquer que presque tous les grands hommes, qui ont vécu dans les démocraties, ont eu le même mépris pour l'opinion publique en matière de gouvernement.

Il suffit que la volonté générale puisse errer souvent, pour que nous n'en fassions pas la règle invariable qui doit conduire les sociétés. Si nous en composons les loix, il faudra regarder comme loi tout acte de cette vo-

---

(1) Plut. *Apophteg.*

lonté; car enfin, il seroit souverainement injuste d'avoir plus d'égards à la volonté de la veille qu'à celle du lendemain ; qui d'ailleurs seroit chargé de déterminer quels sont les actes valables, ou non, de la volonté générale ? il faut que tous, sans exception, passent en loix si l'on admet le principe. Cette absurde maxime : *Qui veut le peuple, si veut la loi,* fait d'une maniere frappante le pendant de celle de Loysel : *Qui veut le roi, si veut la loi.* L'une et l'autre tendent également à la tyrannie ; rappellons-nous en quoi nous l'avons fait consister : un peuple n'a pas plus qu'une assemblée, ni qu'un prince, le droit de faire des loix de sa volonté arbitraire.

Quand la nature elle-même contredit nos principes, nous finissons toujours par tomber dans d'étranges contradictions. On peut bien avancer et soutenir sophistiquement que *la loi* est un acte de la volonté générale; mais jamais on ne pourra mettre le principe en action, et composer des loix sur l'énoncé de la volonté générale. On a beaucoup parlé pendant nos troubles des *cahiers des bailliages*, et de l'observation qui leur étoit due. Ces cahiers, comme *doléances*, étoient excellens, car chacun sait fort bien ce dont il a à se plaindre; mais comme matériaux d'une constitution, ils seroient le comble du ridicule et de la monstruosité ; l'ouvrage qui en résulteroit, seroit un tout hétérogène, bizarre, contradictoire dans toutes ses parties, un véritable chaos; et la meilleure raison qu'on puisse donner à ceux qui se plaignent qu'on n'ait pas suivi les *cahiers*, c'est qu'il étoit impossible de les suivre.

Laissons donc là le peuple, son aveuglement et ses caprices : et pour reconnoître quel doit être l'artisan des loix, examinons d'abord l'ouvrage.

CHAPITRE X.

Ce que c'est que la Loi.

On peut se souvenir que nous avons déterminé que le but des bonnes loix étoit de maintenir la sûreté publique, et pour cela de faire aimer la vertu aux citoyens. Voyons maintenant ce que c'est que la loi en elle-même : parcourons d'abord les définitions qu'en ont données les philosophes de tous les temps. Je sais que des autorités ne sont pas la raison ; mais quand nous la trouvons dans des autorités, nous pouvons nous y tenir.

Platon qui se présente d'abord, définit peu ; ce n'est pas sa méthode : mais il est aisé à celui qui le lit, de définir en rapprochant ses expressions. Il regarde la loi comme une émanation de la divinité : son but, dit-il, est de conduire les hommes à la prudence ; la tempérance, la justice et le courage, qui amènent au milieu d'eux santé, beauté, forces et biens de toutes espèces (1).

Aristote veut qu'aucune loi n'émane du législateur, sans qu'il l'ait méditée dans toute la prudence de son ame : ainsi conçue, elle a droit, dit-il, de se faire obéir (2).

Voici la définition de Cicéron : « La » loi est la raison suprême, inhé- » rente à la nature des choses, » qui ordonne ce qui est à faire, et » qui défend ce qui doit l'être. Cette » raison devient loi quand elle se ma- » nifeste aux hommes ; et quand un » pareil nœud forme leur réunion, » leur société est aussi douce que celle

---

(1) *De legib. I, II et III, et in Minoë.*

(2) *Lex, cùm ex prudentiâ quâdam ex mente profecta oratio sit, cogendi vim habet.* Moral. ad Nic. Lib. X.

» des dieux (1 ». Cicéron, dans le même traité, parle encore de la nature des loix avec autant de vénération : c'est, selon lui, la sublimité de la raison humaine.

Puffendorff : « La loi est la volonté » d'un supérieur, par laquelle il impose à ceux qui dépendent de lui, » l'obligation d'agir d'une certaine » manière qu'il leur prescrit (2) ». Il dit ensuite que *le supérieur* est celui qui réunit *force et raison* ; et *l'obligation* la nécessité de se soumettre à la raison. Il observe en passant,

---

(1) *Lex est ratio summa insita in naturâ, quæ jubet ea quæ facienda sunt, prohibet quæ contraria. Eadem ratio cùm est in hominis mente confirmata et confecta, lex est..... Quæ* (recta ratio) *cùm sit lex, lege quoque consociati homines, cùm Diis putandi sumus*. De legib. I.

(2) *Droit de la nat. et des gens.* Liv. I. Puffendorff envisage la loi plus matériellement que les autres.

que toute obligation, si raisonnable qu'elle soit, est un frein à notre liberté.

Enfin, Montesquieu dit, que « la » loi en général, est la raison humaine, en tant qu'elle gouverne tous » les peuples de la terre (1) ».

Toutes ces définitions donnent des loix en elles-mêmes une idée satisfaisante, qui peut seule convenir aux réglemens destinés à s'opposer aux passions humaines, et à garantir à chacun la plus grande sûreté sous leur protection.

De bonnes loix sont le chef-d'œuvre de la raison et du génie de l'homme; il est aussi impossible à un peuple de les faire, que de faire les vingt-quatre chants de l'Iliade. (2).

---

(1) *Esp. des loix.* Liv. I, ch. 3.

(2) « Cet ouvrage (dit l'auteur de *l'Hist. philos. des deux Indes*, en parlant des loix) « que le

CHAPITRE XI.

Du Législateur.

CHACUN ne peut-il pas maintenant avouer, avec Rousseau, qu'il faudroit *une intelligence suprême, qui vît toutes les passions humaines et qui n'en éprouvât aucune*, pour donner des loix aux hommes, et que rien n'est si rare qu'un grand législateur? Ils sont en petit nombre dans les annales du monde, où nous voyons inscrits en foule des poëtes, des historiens et des conquérans.

Nous sommes convenus qu'un homme vertueux pouvoit seul faire de bonnes loix, et qu'il falloit qu'il réunît le génie le plus vaste à la plus grande connoissance des hommes. Son tra-

---

» génie et la vertu n'ont jamais tenté sans dé-
» fiance, fut hardiment entrepris par l'aveugle
» fanatisme ».

vail examiné ensuite dans une assemblée de sages, sera reçu par nous avec la plus vive reconnoissance; mais nous nous garderons bien de donner à l'auteur la moindre portion d'autorité : il ne faut pas tenter la sagesse, et nous exposer à un despotisme inévitable (1).

---

(1) « Si celui qui commande aux hommes, ne
» doit pas commander aux loix, celui qui com-
» mande aux loix ne doit pas commander aux
» hommes; autrement ses loix, ministres de ses
» passions, ne feroient souvent que perpétuer ses
» injustices. Jamais il ne pourroit éviter que des
» vues particulières n'altérassent la sainteté de son
» ouvrage.

» Quand Lycurgue donna des loix à sa patrie,
» il commença par abdiquer la royauté. (*Contr.*
soc. Liv. II, ch. 7.) Il faut remarquer que Lycurgue n'abdiqua point la royauté, cela est inexact ; mais il la conserva à son légitime possesseur.

On pourroit objecter contre ce principe, Moyse, Minos, Numa, législateurs, qui ont été revêtus de l'autorité. Ces exemples prouvent seulement que le

Un systême de loix, dont l'une des qualités les plus essentielles est l'unité dans les vues, ne peut être conçu que dans une seule tête forte, qui en embrasse tout l'ensemble par la pensée : ainsi un seul homme doit avoir l'initiative de la loi. Un conseil par lui-même n'étant pas propre à concevoir, mais à discuter et à examiner, aura la révision et la sanction des loix. C'est à un corps que doit appartenir le *veto*. Si l'on suit une autre marche, on s'écarte de la nature ; et cela est si visible, que si l'on donne l'initiative des loix à un corps collectif, et le *veto* à un prince, il arrivera que l'invincible nature reprendra son cours : ce sera toujours un seul membre de l'assemblée qui proposera la loi, et le

---

principe souffre des exceptions, et je promets d'en faire encore une, quand on rencontrera un législateur qui leur soit comparable pour le génie et les vertus.

Prince prendra un conseil pour l'examiner.

Mais alors il arrivera que chaque loi en particulier pourra être bonne, parce qu'un seul l'aura conçue, et qu'un conseil l'aura discutée ; et le système général qui résultera de toutes ces loix particulières, ne vaudra rien, parce qu'il sera l'ouvrage de plusieurs. Voilà comme le vice des bases conduit toujours à de mauvais résultats, avec les meilleurs moyens et les meilleures intentions du monde.

CHAPITRE XII.

Pouvoir législatif et pouvoir exécutif.

Qu'entend-on par ces deux mots? je n'en sais trop rien; bien des gens sont comme moi, mais ils ont cela de plus, qu'ils pensent le savoir. D'Alembert a bien connu notre nation quand il a dit : « Le moyen le plus sûr d'ac» créditer une opinion auprès de la » frivolité françoise, est d'inventer » quelque phrase que tous les sots » puissent répéter, en croyant dire » quelque chose » (1).

On peut, je crois, saisir deux idées différentes dans cette expression de *pouvoir législatif.* Premièrement, *le pouvoir de faire les réglemens de la*

---

(1) *Eloge de Crébillon, lu à l'Académie le* 25 août 1778.

société, et en second lieu le pouvoir d'imprimer *force de loix* à ces réglemens quand ils sont faits.

Nous venons de voir, et je crois que nul être raisonnable n'en peut douter, qu'il faut être homme de probité et de génie afin de pouvoir faire des loix. *Le pouvoir législatif*, dans ce sens, seroit donc le pouvoir d'être honnête homme et homme de génie; mais ce n'est pas là ce qu'on entend par *pouvoir législatif*, car trop de gens prétendent l'avoir.

Il faut donc en revenir au second aspect, qui représente le pouvoir législatif comme celui d'imprimer force de loi à un réglement déjà fait.

Quelques philosophes ont voulu que la raison seule et la sagesse des loix pût en assurer l'exécution. Mais comment reconnoître en elles ces qualités? Il faudroit pour cela que le pouvoir législatif de la terre residât dans le biel. Puffendorff a parlé plus humainement, quand il a dit, *que l'autorité suprême appliquée à un réglement lui donnoit force de loi.*

Examinons donc cette *autorité* dans sa source et dans ses effets, et nous aurons peut-être une idée de ce qu'on doit entendre par *pouvoir législatif*.

D'abord, il est une vérité de toute évidence, c'est que si vingt-quatre millions d'hommes refusent de se soumettre à des réglemens qu'on leur propose, ils sont maîtres de les rejetter; comme aussi ils sont maîtres de les accepter, si bon leur semble; et alors on ne peut disconvenir que ces réglemens auront force de loi. On peut donc considérer le pouvoir législatif comme résidant en cette force aveugle, et irrésistible qu'a une multitude d'accepter ou de ne pas accepter des loix.

Mais en vertu de quoi cette multitude est-elle revêtue de ce pouvoir d'accepter ou de refuser? est-ce en vertu de la raison, de la sagacité, de la haute prudence, de toute la science dont elle est douée, et dont elle fera usage dans l'examen des projets de loix qu'on lui présente? Non, car elle n'a rien de tout cela : elle ne peut discerner l'efficacité des loix qu'un habile législateur a sagement combinées, et dont les effets lointains ne peuvent être apperçus que par les sages. C'est donc uniquement la force des vingt-quatre millions d'hommes qui leur donne le droit d'accepter, ou de ne pas accepter les loix proposées ; c'est-à-dire, que *le pouvoir législatif* d'un peuple n'est autre chose que *le droit du plus fort*.

Maintenant ouvrez le *contrat social*, et l'auteur vous prouvera, bien mieux que je ne pourrois le faire, dans le troisième chapitre du livre premier, que *force ne fait pas droit*, ni par conséquent un pouvoir légitime. Il démontre donc implicitement, que *le pouvoir législatif*, dont il investit les peuples, cette base, selon lui, de toute société humaine, n'est point *un droit*, mais une iniquité.

Cependant quelqu'inique que soit réellement ce pouvoir, il existe ; les peuples, quand ils sentiront leur force, le réclameront toujours : voilà cet *apanage* des nations, cette *souveraineté* dont on fait tant de bruit ; ce n'est point un droit fondé sur la justice et la raison, c'est la violence d'une force aveugle ; c'est l'avantage de vingt millions d'hommes contre un ; avantage incontestable, suivant l'expression d'un célèbre Anglois, dès qu'on traite une constitution *comme une opération d'arithmétique*. Pour concilier toutes les opinions, et tous les intérêts, il faut convenir que *droit* et *pouvoir*, sont deux choses absolument différentes ; le *droit* est toujours juste ;

juste ; le *pouvoir* viole à son gré et impunément la justice : le *droit* d'assurer la soumission aux loix, n'appartient qu'à la sagesse ; le *pouvoir* en appartient au peuple ; et les hommes ne sont si malheureux en société, que parce que *le droit* et *le pouvoir* vivent dans un divorce continuel.

Cette *souveraineté des nations*, ce *pouvoir législatif* de la *volonté générale*, sont des hochets politiques dont notre orgueil s'amuse. L'auteur qui s'en est fait l'apôtre, étoit le plus orgueilleux des hommes : on ne croit à la souveraineté d'une nation, que parce qu'en étant un membre, on se croit soi-même un petit souverain : on obéit à la volonté générale, parce qu'ainsi l'on croit n'obéir à personne ; on aime mieux voir une nation législatrice, parce qu'un être pareil est sans conséquence pour la vanité, que de nous ranger sous les loix d'un prince sage, dont l'emploi ou le génie sublime nous offusqueroient. Toutes les puérilités de notre moderne politique ont leur source dans de petites et misérables passions ; et cependant ce c'est pas leur langage, c'est celui de la raison qu'on devroit écouter dans une matière aussi grave.

Au milieu d'une société naissante, le droit *de faire des loix*, leur *confection* appartiendroit au Moyse, ou au Zoroastre qui pourroit s'y rencontrer ; leur *exécution* s'établiroit par le respect et la soumission que les autres accorderoient à son génie et à sa profonde sagesse. *Un homme de génie est magistrat né de sa patrie*, dit M. l'abbé Raynal.

Si la société est déja ancienne, l'initiative et la confection des loix nouvelles doit appartenir au gouvernement, au monarque, par exemple, si c'est une monarchie. Qui doit en effet pourvoir aux réparations d'un édifice, si ce n'est celui qui est chargé de sa conservation, qui en embrasse tout l'ensemble, et qui ne peut manquer d'appercevoir toutes les dégrations qui y surviennent (1) ? Le peuple ensuite use de son pouvoir d'accepter, ou de refuser ; mais pour son propre intérêt, il doit le déposer entre les mains d'hommes sages, qui accepteront ou refuseront pour lui ; ce ne seront pas ses représentans, car des sages ne peuvent représenter des fous, mais ce seront les dépositaires de sa

___

(1) Quoique j'aie avancé plus haut que celui qui rédige des loix, ne doit avoir aucune autorité, je ne me contredis pas en disant ici, que dans une monarchie le souverain doit avoir l'initiative des loix : l'autorité qu'il exerce, est indépendante des loix nouvelles, comme on va le voir ; il n'en fait usage qu'en vertu des anciennes. Donc il n'a réellement aucune autorité comme législateur ; et celui qui est purement *législateur*, n'en doit absolument posséder aucune.

confiance : son pouvoir inique et aveugle dans sa source, sera purifié et éclairé par cette transmission. Quand ce sénat aura accordé son consentement, alors seulement le monarque pourra agir en vertu des nouvelles loix, alors elles auront la force *exécutive*. Sans cette force, le pouvoir législatif n'a pas son complément. On ne peut concevoir des loix sans action. Le *pouvoir législatif* n'est pas celui de rédiger dans son cabinet un vain code de loix, c'est le pouvoir de les faire *exécuter*. Ainsi cette distinction des pouvoirs, qui semble d'abord si naturelle, qui favorise tant la paresse des esprits, n'est qu'une pure chimère, un fantôme politique qui récèle le mensonge et l'usurpation. On a donc menti au genre humain, quand on lui a proposé ce galimatias comme un principe, lequel ne tend qu'à diviser l'autorité qui doit être une, à plonger les peuples dans l'anarchie, et bientôt les faire tomber sous le despotisme.

Les opinions vulgaires sont si erronées en politique, que bien des gens ont cru que le pouvoir législatif étoit le droit dont jouissent quelques nations, de ne pouvoir être grévées d'aucun nouvel impôt, sans y avoir donné leur consentement. Mais l'arrêté de compte par lequel on fixe que l'impôt sera pour une année de cinq cents millions, et pour la suivante de six cents, n'est point une loi ; c'est tout simplement un acte d'administration, que la nation s'est réservée pour surveiller son gouvernement (1).

---

(1) Voyez sur ce sujet, et sur la séparation des pouvoirs, le chap. 2 du livre II du *Contrat social*, que je transcrirois ici presqu'en entier, si l'ouvrage n'étoit entre les mains de tout le monde.

CHAPITRE XIII.

Élections.

Peuples étendus et vicieux ! ne vous abusez pas ; il n'est pas pour vous une forme de gouvernement qui puisse valoir la monarchie ; il faut chez vous la plus grande activité à l'autorité, c'est-à-dire, à ce que vos politiques appellent le *pouvoir exécutif.* Il vous faut un roi, un roi seul, tout entier. Mais pour garantir votre franchise, contre-balancez sa puissance par des corps, qui ne puissent en avoir aucune sur vous, et qui ne lui opposent qu'une résistance d'inertie. Et, je vous le dis encore, si vous lui donnez pour barrière un corps unique, agissant, quelques années ne s'écouleront pas sans que l'un ou l'autre n'ait pris le dessus, et vous aurez pour despote un roi, ou une assemblée.

Et puisqu'enfin le plus important

de tous les rapports entre vous et le gouvernement, est l'impôt ; puisque ce *terme d'esclaves* (1), ce mot *de finances*, est inscrit en gros caractères dans votre dictionnaire politique, réservez-vous donc l'inspection de cette branche si essentielle, établissez des surveillans qui éclairent l'administration des finances, et sur lesquels vos intérêts puissent se reposer.

S'il faut des hommes vertueux et modérés pour recevoir en dépôt quelque partie du gouvernement des peuples, à plus forte raison ces qualités sont-elles indispensables dans ceux qui se mêlent du maniement de l'argent : ils seront bientôt gangrénés par ce seul tact, s'ils ne sont pas bien sains. Il faut de plus qu'ils soient assez éclairés en administration, qu'ils aient une assez profonde connoissance du cœur de l'homme pour ne s'en pas

---

(1) *Contr. soc. Liv. III, ch. 15.*

laisser imposer. Et enfin, il est nécessaire qu'ils soient périodiquement amovibles, pour que l'on ne puisse tenter de les corrompre.

Vertus, modestie, lumières, expérience, voilà ce qu'on doit remarquer dans ceux à qui vous confierez le soin de vos intérêts (1). Si vos surveillans sont des ambitieux, des hommes sans mœurs et sans probité, qui vous répondra d'eux ? Vous serez bientôt

---

(1) Il faut voir dans Platon, le portrait qu'il trace d'un homme destiné au gouvernement. Chacun, lorsqu'il donne son suffrage, devroit avoir ce peu de mots devant les yeux : *Condamnez à présent, dit-il, si vous l'osez, une science que l'on ne peut acquérir si l'on n'a reçu de la nature un esprit aussi élevé que pénétrant, avec de la mémoire ; si l'on n'est libéral, gracieux, ami de la vérité, et doué de justice, de courage et de tempérance...... Car n'est-ce pas l'homme en qui se trouveront toutes ces qualités, quand l'âge et la science l'auront mûri, que vous mettrez à la tête de la république ?* Rep. Liv. VI.

foulés et vexés comme s'il n'en étoit point : faudra-t-il sans cesse des bouleversemens, des insurrections, des meurtres pour épouvanter les tyrans ? Un tel remède n'est-il pas pire que le mal ? Il faut donc toujours en revenir à la bonne foi, à la vertu, qui sont les seuls liens solides des souverains et des peuples. A chaque pas que l'on fait dans la science des gouvernemens, on a la satisfaction de voir ce principe victorieusement démontré. Mais aussi qu'il est douloureux, en disséquant le cœur humain, d'y trouver le germe des vices qui ne peuvent manquer d'éclore et de se déployer dans la société : la corruption est inévitable après un certain laps de temps, donc l'esclavage l'est aussi ; il naît dans la société, comme la liberté naît dans la solitude.

C'est beaucoup pour maintenir la tranquillité publique, qu'une assemblée d'hommes sages, ayant la con-

fiance du peuple, puissent s'opposer aux abus de l'autorité, sans en avoir eux-mêmes aucune; et il ne faut pas espérer qu'un peuple donnera ordinairement sa confiance à d'autres qu'à des gens de son choix. « Il n'y a rien
» qui rende l'homme volontairement
» obéissant, et se soumettant à un
» autre, que la fiance qu'il a en lui
» pour l'amour qu'il lui porte, et l'opi-
» nion qu'il a conçue de sa bonté et
» de sa justice (1) ».

---

(1) Plut. Mor. trad. d'Amyot.

CHAPITRE XIV.

Vices des Élections.

L'ÉTABLISSEMENT de corps surveillans, et nommés par les suffrages libres du peuple, est à bien des égards le palliatif le plus puissant et le plus heureux pour le gouvernement d'un peuple corrompu. Mais par une fatalité inhérente à la corruption même, ce remède deviendra un nouveau mal, par la raison que j'ai déja dite, que tout est bon chez un peuple simple et modéré, et que tout est mauvais chez un peuple vicieux : rarement l'homme de bien sera en honneur près de lui; il n'aimera que ceux qui le flatteront, qui lui paroîtront le plus disposé à servir son avarice, sa jalousie, et ses autres passions. *Je ne puis plaire au peuple*, disoit Sénèque, *car ce que je sais, il ne l'approuve pas,* et ce qu'il approuve, je ne le sais pas (1).

Parce que la voie de suffrages et d'élection est instituée pour désigner les meilleurs, on s'imagine que ceux qui sont élus, sont pour cela les meilleurs. Cette manière de raisonner n'a guères de prise sur un homme accoutumé à penser. Qu'est-ce en effet que le suffrage d'une multitude vicieuse, aveugle et en proie à tous ses caprices ? C'est le résultat des passions, de la brigue, et des séductions de toute espèce. Depuis l'or que Marius avoit fait apporter au champ de Mars pour acheter publiquement les voix, jus-

---

(1) *Numquàm volui populo placere ; nam quæ ego scio, non probat populum ; quæ probat populus, ego non scio..... Hoc omnes tibi ex omni domo conclamabunt, Peripatetici, Academici, Stoïci, Cynici : quis enim placere potest populo cui placet virtus ? Malis artibus popularis favor quæritur.* Senec. Ep. 29.

qu'au vin qui ruissèle dans les cabarets d'un village pour l'élection d'un maire, tout est cabale, tout est séduction.

Ce n'est pas à dire qu'un homme soit capable, parce qu'il a la pluralité des voix. Qui voudroit confier le soin de son corps à un homme par cette seule raison, que les suffrages du peuple l'auroient déclaré un grand médecin (1)? Comment donc peut-on sur ce seul témoignage, confier le sort de la patrie à des mains inhabiles, tandis qu'un tel emploi exige de si vastes connoissances. L'hérédité, qui seroit absurde parmi des hommes sages et éclairés, est préférable aux

---

(1) *Si hominem acutum, non tamen eximiâ artis peritiâ præditus, adhibeamus ad morborum curationem hunc ne statim medicum, ubi ab universis fuerit electus arbitrabimus? minimè. Doctrinâ enim, et multarum artium experientiâ, non suffragiis fit medicus.* Buch. de jure regni.

élections chez un peuple corrompu ; y introduire le choix par scrutin, c'est mettre les suffrages et les places à l'encan.

Tout est perdu quand les places de magistratures sont briguées ; c'est une preuve qu'elles sont un chemin aux richesses et à la tyrannie. Il faut donner à vos magistrats de si bons freins à leur autorité, et des traitemens si modiques, que la cupidité ne puisse s'en mêler (1): alors ce sera le seul zèle pour le bien public qui fera desirer les places ; et mettez leur conduite si fort en évidence, que leur turpitude soit l'objet de la risée publique, s'ils sont au-dessous des fonctions de leurs charges.

En général les élections seront mau-

___

(1) Les constitutions des treize états-unis d'Amérique recommandent toutes expréssement ce principe.

vaises, tant qu'on ne verra point de citoyens pensans comme le Lacédémonien Pédarête : il n'avoit pas été élu du conseil des trois cents, et au lieu de sortir mécontent de la place publique, il se réjouissoit en se retirant, *de ce que*, disoit-il, *on avoit trouvé à Sparte trois cents hommes plus honnêtes gens que lui.*

Faute d'avoir sur les élections populaires des principes fort sains, nous avons vu de tous temps des intriguans scélérats ou ignares, élevés à toutes les places.

En pareille rencontre ,
L'honnête homme ſe tait, & le faquin ſe montre (1).

Et depuis que les temples de la divinité sont fermés aux criminels, n'en avons-nous pas vu quelques-uns trouver un asyle assuré dans le sanctuaire

---

(1) *Satyre ,* qui a paru en février 1789.

des loix, que leur ouvroit une multitude aveugle ?

Dès long-temps on l'a dit, et on peut le répéter sans cesse. Combien les peuples seroient heureux, s'ils étoient gouvernés par des sages ! cherchons donc s'il n'y auroit pas moyen de les reconnoître, et de dérober les suffrages à l'intrigue, pour les faire tomber sur eux.

CHAPITRE

CHAPITRE XV.

Loix pour les Élections.

On multiplieroit à l'infini les réglemens tels que la loi Acilia, qui défendoit les brigues, que jamais on ne parviendroit à y apporter de frein. Il ne faut pas s'amuser à étouffer les fruits de l'arbre, il faut aller à la racine.

Souvent à la fin d'une assemblée, lorsqu'on fait le dépouillement du scrutin, on est fort surpris de voir une pluralité de suffrages réunis en faveur d'un homme obscur, auquel personne ne paroissoit songer, et qui, par des menées sourdes, a capté les esprits de la multitude : un pareil sujet n'eut jamais osé soutenir le regard du public avant son élection ; ainsi la première loi à établir, seroit, que les prétendans fussent tenus, comme dans l'ancienne

Rome, de se mettre en évidence, de déclarer qu'ils aspirent à la place à laquelle on va nommer, se reconnoissant les lumières et les qualités nécessaires pour la remplir.

Alors il devroit être permis à tout citoyen de reprocher publiquement au candidat tout ce qui peut l'éloigner de la place qu'il demande : le candidat désigneroit quelqu'un qui répondroit pour lui ; et l'on verroit à l'égard des magistratures ce qui se faisoit, avec moins de raison peut-être, au passage du lac Mœris pour une simple sépulture.

Mais une loi qui me semble devoir influer à la longue sur les mœurs d'une nation, est celle que je vais proposer. Elle paroît d'abord extraordinaire, et présente au premier coup-d'œil un aspect de singularité ; mais plus on la médite, et plus on se persuade qu'il en résulteroit de très-bons effets.

Je voudrois qu'à l'instant où le ministre des autels donne à un homme mourant les dernières consolations de la religion, à ce moment où tout intérêt humain cesse, et où la conscience parle si haut, le prêtre invitât le moribond à lui déclarer devant deux hommes publics, appellés à cet effet, quels sont les deux citoyens en qui il auroit reconnu, pendant le cours de sa vie, la plus grande probité, réunie aux plus grandes lumières, dans le cas, bien entendu, où il lui resteroit pour cela assez de présence d'esprit. On excepteroit du choix les plus proches parens, et ceux qui assisteroient à la déclaration. Ces suffrages vaudroient bien ceux qu'on achète.

On les déposeroit ensuite dans deux registres authentiques, dont le ministre de la religion garderoit un, et les magistrats le second. Le plus profond secret seroit gardé de part et d'autre, jusqu'à ce qu'un citoyen ait réuni un certain nombre déterminé de ces *suffrages mortuaires* (afin de parer à l'inconvénient de quelques mauvais qui se glisseroient toujours par ignorance ou par prévention). Alors on proclameroit le nom de ce citoyen, et on l'inscriroit sur un tableau, qui seroit déposé dans le lieu le plus sacré du temple. Quand on seroit au moment de faire une élection, les magistrats transporteroient avec pompe le tableau dans la salle d'assemblée, et l'exposeroient à tous les regards ; un héraut, placé dans un lieu élevé, le montreroit au peuple, en prononçant cette formule : *Citoyens, voilà ceux que vos peres ont jugés devant Dieu être gens de bien et dignes de votre confiance.* Après cette formule, on procéderoit à l'élection, qui seroit du reste entièrement libre.

Je crois que cette institution deviendroit par la suite un préjugé national, et feroit respecter et aimer la probité.

Ce seroit une douce consolation pour un mourant, de songer qu'il influera encore sur la chose publique quand il ne sera plus ; on prolongeroit ainsi l'existence des hommes. Et croit-on qu'un intriguant, sans suffrages mortuaires, qui ne seroit pas inscrit sur le tableau révéré, osât se déclarer hautement comme candidat, un jour d'élection ?

Je sais quelles objections particulières on pourroit faire sur les détails d'une telle institution ; mais on pourroit parer à tout au moyen de quelques articles sages de la loi qui l'établiroit.

CHAPITRE XVI.
Loix qui tendent à la vertu.

Voulez-vous avoir un bon esprit public? Dirigez l'opinion, l'estime et les honneurs vers l'homme sage, éclairé et courageux. Que l'infraction des loix ferme à jamais, ou seulement pour un temps, selon sa gravité, toute entrée aux places de confiance. Que les charges reviennent à leur institution primitive, soient des *charges* réelles, suivant toute la signification du mot, et ne soient plus des emplois de lucre et de vanité. Que vos enfans, sur-tout, reçoivent une éducation fondée sur les principes sévères de la vérité, et qu'on leur apprenne à respecter la vieillesse. Quand vos institutions seront dirigées vers ces objets, alors vous recevrez de l'univers et de la postérité le titre auguste de *législateurs* ; sinon vous ne serez jamais comptés que pour d'obscurs et médiocres *faiseurs de loix*.

CHAPITRE XVII.

Conclusion.

Ici je fixe à ma carrière une borne que j'aurois pu beaucoup reculer. Le plan que j'ai embrassé, fourniroit bien d'autres développemens ; mais il est difficile d'être lu quand on est volumineux, comme il n'est pas aisé d'être entendu, quand on est concis : j'ai tâché de marcher entre ces deux points. J'ai eu affaire aux préjugés, aux passions ; forcé de parler leur langage, je me suis éloigné quelquefois du ton qui convient à la politique. Je pourrois penser que j'ai réussi, sans qu'on fût obligé d'en convenir ; mais ce qu'on doit croire, parce que cela est vrai, c'est que l'amour de l'humanité et de ma patrie m'a constamment servi de guide.

J'ai montré l'homme libre et indépendant ; j'ai prouvé que la société lui imposoit des liens, et le privoit de sa liberté. Mais tant qu'il a eu peu de besoins et peu de vices, il est demeuré assez près d'elle. Par une progression décroissante inévitable, nous l'avons vu s'éloigner de la liberté, et descendre vers l'asservissement à mesure que ses vices, ses plaisirs, son luxe augmentoient, et nécessitoient de nouveaux liens. Le seul parti à prendre alors pour se régénérer, est de redevenir vertueux et simple : si l'on veut corruption et liberté ensemble, on n'aura rien du tout, et on ne fera que se débattre contre une ancienne tyrannie, pour retomber sous une nouvelle plus violente que la première, parce qu'elle aura besoin de s'affermir; on secouera des fers dorés, pour reprendre des chaînes couvertes de boue et de sang. Le seul palliatif qui puisse encore faire connoître une ombre de repos et de franchise à un peuple vicieux, c'est un gouvernement plein de vigueur, tempéré par des corps de sages et d'anciens, qui n'aient d'autre pouvoir que d'opposer à l'autorité une simple résistance, sans jamais refluer sur les peuples. Européens du dix-huitième siècle, qui êtes bien loin des mœurs nomades et patriarchales, ayez des rois, aimez-les et respectez-les ; car c'est aimer la patrie et les loix qu'ils représentent. Méfiez-vous de ceux qui vous exaltent au nom de la liberté ; et puisque vous n'êtes pas en état de juger leur ouvrage, examinez au moins l'ouvrier : s'il est un scélérat, hâtez-vous de repousser indistinctement tout ce que sa main pourra vous présenter; le génie ne peut mériter votre confiance que lorsqu'il est accompagné de la probité la plus austère.

TABLE DES CHAPITRES.

                            page

Avertissement.   3

LIVRE PREMIER.

Chapitre

I. *Image de la liberté naturelle.*   5
II. *Définition de la liberté.*   8
III. *Distinction des élémens de la liberté de l'homme*   11
IV. *Supériorité de la liberté de volonté.*   14
V. *La licence.*   17
VI. *La société.*   18
VII. *Origine du despotisme, ou tyrannie.*   25
VIII. *Rapprochement des despotes et des peuples en insurrection.*   31

Chapitre		page
IX.	*Instabilité des sociétés humaines ; leur cause.*	34
X.	*Obéissance aux loix.*	40
XI.	*Continuation du même sujet.*	45
XII.	*Conclusion de ce premier livre.*	51

LIVRE SECOND.

Chapitre		
I.	*Ce qu'il faut entendre par liberté dans l'état social.*	57
II.	*Moyens de maintenir la justice.*	68
III.	*Différence des loix, et des ordres arbitraires.*	71
IV.	*Danger du mot de liberté.*	77
V.	*Dissolution de la société.*	85
VI.	*Crimes et passions.*	87
VII.	*Vices et vertus.*	90
VIII.	*Effets de la vertu dans la société.*	93

Chapitre		page
IX.	Effets du vice dans la société.	99
X.	Résultat des deux chapitres précédens.	104
XI.	Palliatifs inutiles contre la corruption.	110
XII.	Source du vice et de la vertu.	116
XIII.	Signes de corruption.	123
XIV.	Ce que c'est que régénérer un peuple.	126
XV.	Si un scélérat peut faire de bonnes loix.	127
XVI.	De quelques causes particulières de sûreté, ou d'esclavage.	130
XVII.	Liberté d'opinions en matières religieuses.	136
XVIII.	Liberté de la presse.	138
XIX.	Conclusion du second livre.	139

LIVRE TROISIÈME.

Chapitre		page
I.	De la forme du gouvernement en général.	143
II.	En quoi consiste la tyrannie, ou le despotisme.	147
III.	La Démocratie.	150
IV.	Aristocratie.	156
V.	Monarchie.	158
VI.	Représentans.	161
VII.	Gouvernement tempéré.	170
VIII.	Des Loix.	176
XI.	Examen d'un principe attribué à J. J. Rousseau.	179
X.	Ce que c'est que la Loi.	196
XI.	Du Législateur.	200
XII.	Pouvoir législatif et pouvoir exécutif.	204
XIII.	Élections.	214
XIV.	Vices des Élections.	219

Chapitre	page
XV. *Loix pour les Elections.*	225
XVI. *Loix qui tendent à la vertu.*	230
XVII. *Conclusion.*	231

ERRATA.

Page 18, ligne 6, *librement. Si*, lisez librement ; et si.

18, lig. 17, *fermerai*, lis. ferme.

23, lig. 5, *Dès qu'elle*, lis. Quand elle.

28, lig. dernière, *n'auroit d'orgueil*, lis. n'en auroit.

34, lig. 13, *leurs*, lis. ses.

36, lig. 3 de la note, *ainsi*, lis. ainsi

48, lig. 4, *de nécessité?* lis. de la nécessité ?

62, lig. 8, *toutes*; lis. à toutes.

157, lig. 6, *qui donnent*, lis. qui y donnent.

165 et 166, lig. première, *représent*, lis. représentent.

www.ingramcontent.com/pod-product-compliance
Lightning Source LLC
Chambersburg PA
CBHW061955180426
43198CB00036B/1191